呂思勉手稿珍本叢刊

中國古代史札録

23

呂思勉 著

四裔（南）一

上海古籍出版社

第二十三册目録

四裔（南）一

四裔（南）一

四裔

漢南之國聞湯。呂覽異用。新序雜事五第三節。書大傳

荊伯聞湯。越絶書：湯行仁義，敬鬼神，天下皆一心歸之，荊伯未之從也。湯於是飾犧牛以事荊伯，乃愧然曰：失事聖人禮。乃委其誠心。

古史

蜀通石牛道

周顯王時蜀有褒漢之國時楚取之

水經[redacted]沔水注 卷二七

五丁 卯 卷廿

梓潼水注 卅二、十九

古史

蜀王望帝

水經江水注 卅三·十 卅四·二

四篇

味縣故滇國都

出桂溫山注　卅六、十二

の南

葭萌所封苴侯邑

水經漾水注20卄

四裔（北）

漢書禮樂志郊祀歌「周而虐，薰鬻殛」。應劭曰「薰鬻，北狄名也」。武五子傳燕剌王旦策書「葷鬻氏虐老獸心」云云。韋[redacted]賢傳王舜劉歆等議武廟曰「周室既衰，四夷並侵，獫狁最彊，於今匈奴是也」（七三北）。若匈奴傳「北邊葷粥冒數之患」。

四裔（北）

肅慎

漢方五七上陸

の高（丑）

元魏氏族

唐書宰相世系表，出自周武王第二子邘叔。自東海郯縣隨拓跋鄰徙代，改為[redacted]万紐于氏。后魏孝文時，復為于氏。案：鄰，神元之祖。

又元氏出自拓跋氏，黃帝生昌意，昌意少子悃，居北，十一（四）世為鮮卑君長。

隋志：自魏遷洛，有八氏十姓，咸出帝族。又有三十六[redacted]族，則諸國之從魏者。九十二姓，世為部落大人者。並為河南洛陽人。

海外三年簡几毛氏羽氏 石泉人緘

論衡二年稿

毛氏一叢子十一年都講說久

崗位十七、三月八

の一

楚辭遠遊羽人　呂覽求人篇

山海經六、一及羽民國

の音（訓詁）

進故對曰吾於斯仕進之道未能信言未能究習也子說者孔子見其不汲汲於榮祿知其志　子曰道不行乘桴浮
道深故喜說也○注孔曰至究習○正義曰案史記弟子傳漆彫開字子開鄭玄曰魯人也
于海從我者其由與馬曰桴編竹木大者曰栰小者曰桴　子路聞之喜孔曰喜與己俱行　子曰由也好勇過我無所取材鄭曰子路信夫子欲
行故言好勇過我無所取材者無所取於桴材以子路不解微言故戲之耳一曰子路聞　疏　子曰至取材○正義曰此
孔子欲浮海便喜不復顧望故孔子歎其勇曰過我無所取哉言唯取於已古字材哉同　章仲尼患中國不能行已
之道也道不行乘桴浮于海者桴竹木所編小栰也言我之善道中國既不能行即欲乘其桴栰浮渡于海而居九夷庶
幾能行已道也從我者其由與者由子路名以子路果敢有勇故孔子欲令從已意未定故云與以疑之子路聞之喜
者喜夫子欲與已俱行也子曰由也好勇過我無所取材者孔子以子路不解微言故以此戲之耳其說有二鄭以為材
桴材也子路信夫子欲行故言好勇過我無所取材者無所取於桴材也示子路令知已但歎世無道耳非實即欲浮海
也一曰材讀曰哉子路聞孔子欲浮海便喜不復顧望孔子之微意故孔子歎其勇曰過我無所取哉者言唯取於已無
所取於他人哉○注馬曰至曰桴○正義曰云桴編竹木大者曰栰小者曰桴者爾雅云舫泭也郭璞云水中簰筏孫炎
云舫水中為泭筏也方言云泭謂之簰簰謂
之筏筏秦晉之通語也方舫泭桴音義同

公冶長

幼海—少海—稗海

榑木

の

山海經四八頁無臯之山

抄

鈔畢

到9月

328

329

事實

[illegible]人之世[illegible]校

呂誠之先生

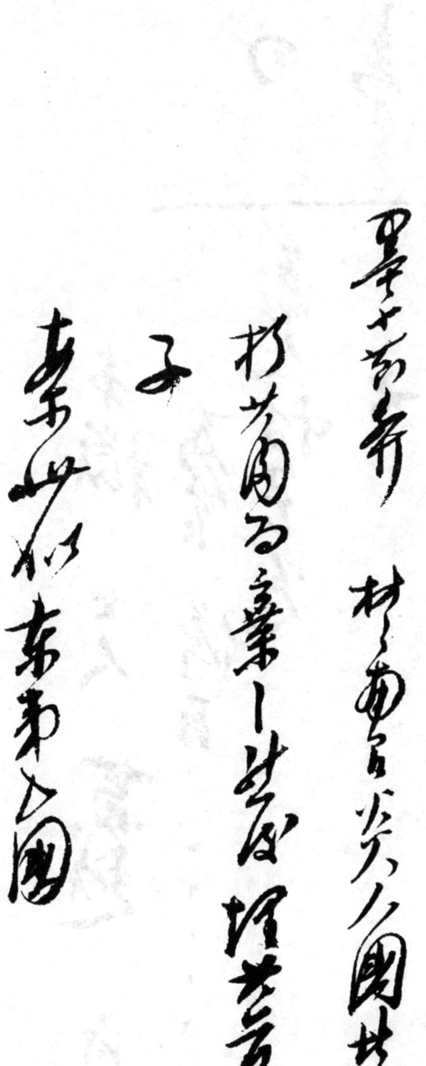

東四

東鯷　土人　貉越　府羌　樓人

蔡　從耳……

吾男　情天男

夷人　又

甌閩

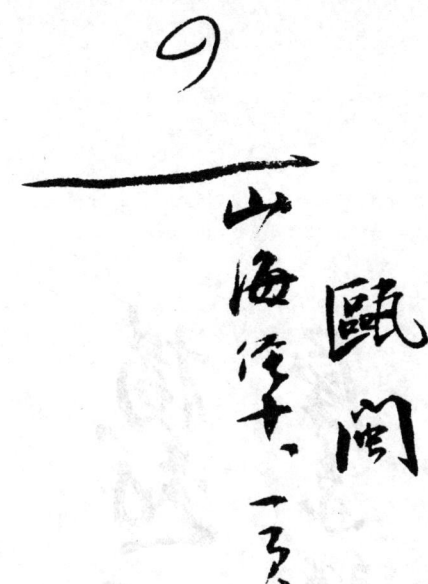

山海經十一頁

四部

橫趙　國策五帖

犀象録　珠（十六）附

顛趙　古矣（十九）帖

四裔

南傳

位未定也。弒申志反丙辰弃疾即位名曰熊居葬子干于訾實訾敖不成君無號謚者楚皆謂之敖。熊音雄

疏注不成至之敖正義曰郟敖與此訾敖皆不成君無號謚也元年傳云葬王于郟謂之郟敖此云葬子干于訾實訾敖並以地名冠敖未知其故又世家楚之先君有若敖霄敖皆在位多年亦稱爲敖不知敖是何義

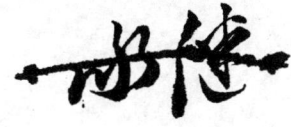

昭十三

の祭

古大諸之祀岱山方山

中祀太室霍山

北祀柳枝華山

此都北山祀

北張山楊山

四裔一南

韓詩外傳八：越王句踐使廉稽獻民於荊王，荊使者曰：冠則得以俗見，不冠不得見。廉稽曰：越亦周室列封，處江海之陂，與魭鱣魚鼈為伍，文身翦髮，而後處焉。今來至上國，必曰冠得以俗見，不冠不得見；如此，則上國使適越，亦將劓墨文身而後得以俗見，可乎？

法人奪取老撾

一八九三与暹羅立曼谷條約

淮弟与南洋
詩憬彼淮夷來獻其琛元龜象
齒大賂南金
即象齒此之象殆亦以印度半
島乃自 不知是時与南洋已有
商業矣

地理

衡山

[illegible]

御人

共記十二誌[illegible]　林[illegible]　[illegible]十一年[illegible]

[illegible]御山　｜　同[illegible]二　[illegible]

[illegible]御山[illegible]御｜[illegible]　｜　[illegible]

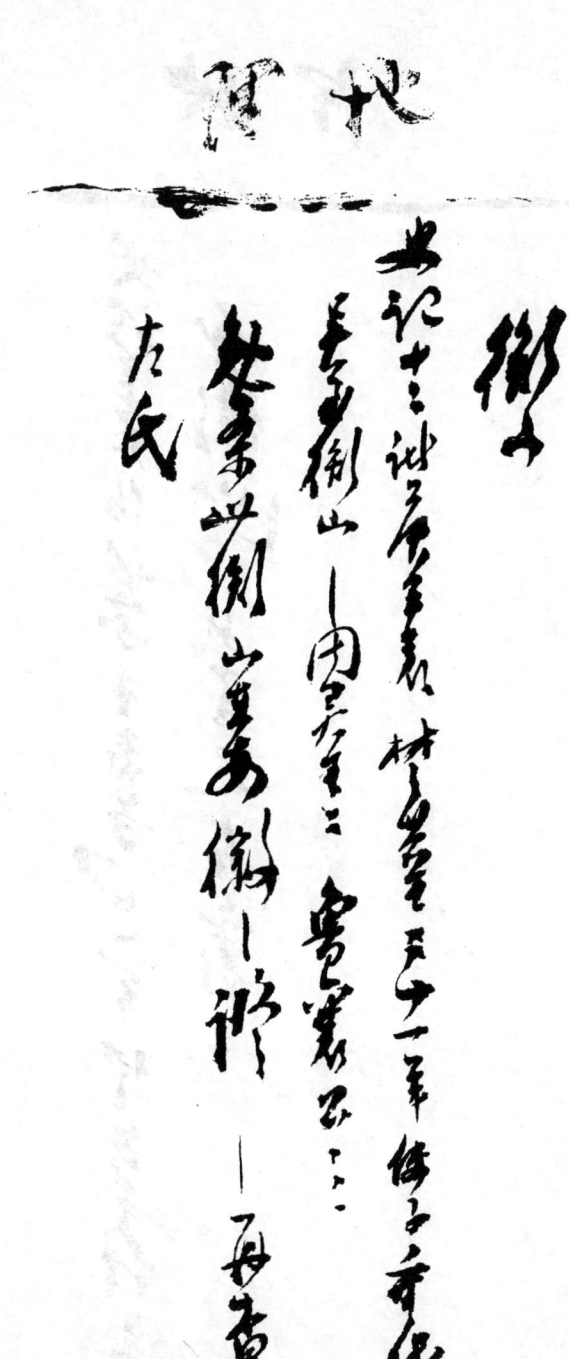

右民

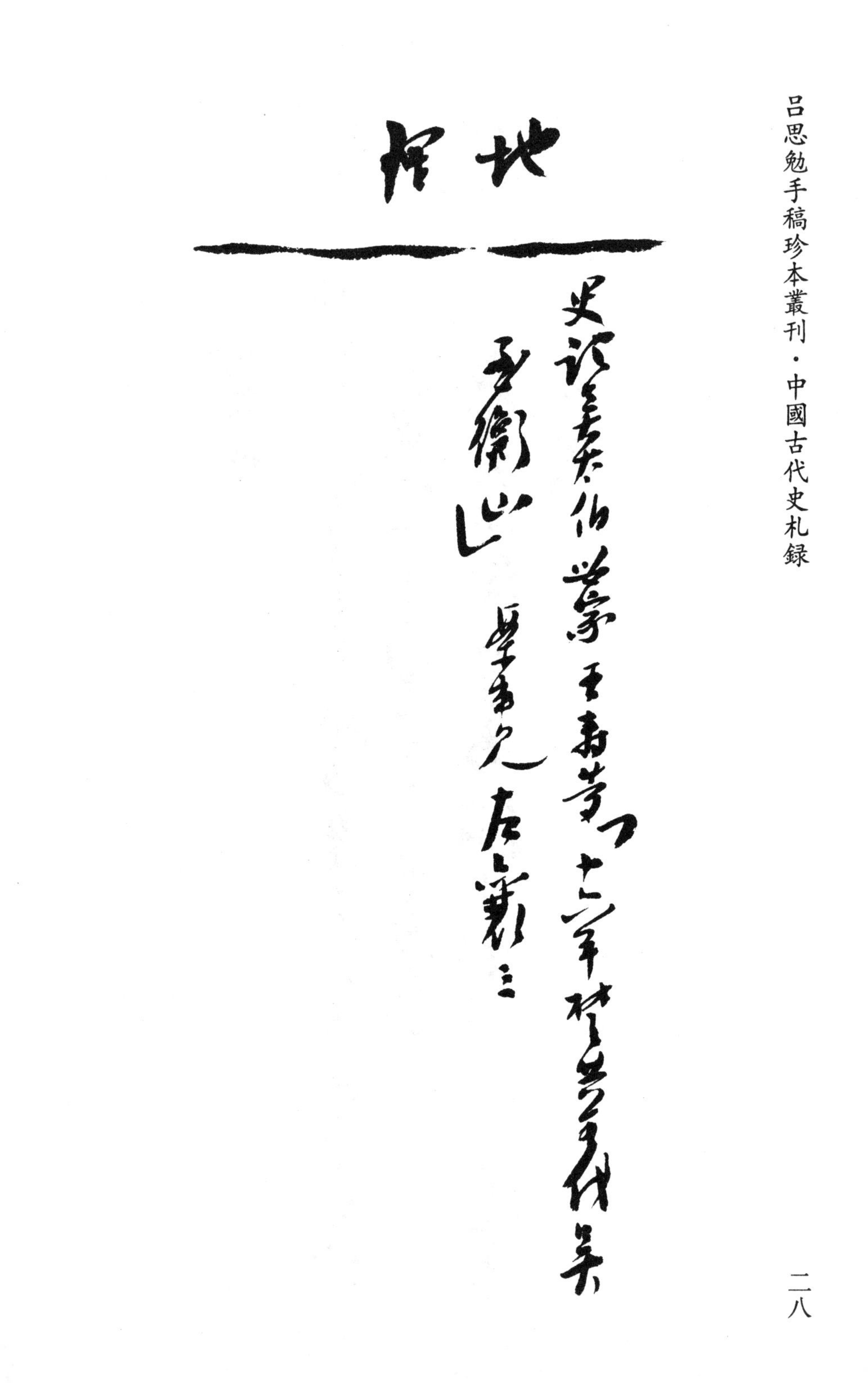

地理

[illegible]

[illegible]

地理

襍篇巳下多非管子書語意甚不類

封禪第五十 元篇亡今以司馬遷封禪書所載管子言以補之　　襍篇一

[illegible]

桓公既霸會諸侯於葵丘而欲封禪管仲曰古者封泰山禪梁父者七十二家而夷吾所記者十有二焉昔無懷氏 古之王者在伏羲前 封泰山禪云云 云云山在梁父東 虙羲封泰山禪云云神農封泰山禪云云炎帝封泰山禪云云黄帝封泰山禪亭亭 亭亭山在牟陰 顓頊封泰山禪云云帝嚳封泰山禪云云堯封泰山禪云云舜封泰山禪云云禹封泰山禪會稽湯封泰山禪云云周成王封泰山禪社首 山名在博縣或云在鉅平南十三里 皆受命然後得封禪桓公曰寡人北伐山戎過孤竹西伐大夏涉流沙束馬懸車上卑

埽葉山房石印

地理

魯字屬上句及字屬下句也按蘇校近是左傳闔閭時無宋魯
朝吳事疑因哀七年夫差會魯于鄫徵宋魯百牢事傳會之
至夫差之身北而攻齊舍於汶上戰於艾陵
見春秋哀十一年經畢云在今山東泰安縣東南史記
吳太伯世家云夫差七年北伐齊敗齊師于艾陵至繒
大敗齊人而葆之大山
蘇云大山即太山篇中太多作
大魯問篇齊太王作大王是也
東而攻越濟三江五湖
畢云史記索隱云韋昭云
三江謂松江錢塘江浦陽江
江史記正義云顧夷吳地記云松江東北行七十里得三江口東北入海為婁江東南入
海為東江并松江為三江詒讓按漢書地理志云會稽郡吳南江在南東入海毗陵北江
在北東入海丹陽郡蕪湖中江出西南東至陽羨入海此即書禹貢周禮職方氏揚州之
三江也國語越語云吳之與越也三江環之韋昭別據松江浙江浦陽江為釋即張守節
所引是也水經沔水酈注云松江自太湖東北流逕七十里江水奇分謂之三江口吳越
春秋稱范蠡去越乘舟出三江之口入五湖之中者也此與顧夷說同要皆非古之三江
竊謂禹貢中江北江並于吳境入海南江入海又兼涉越境則三江下流自足環吳越水
經注又引郭璞云三江者岷江松江浙江也此即據禹蹟下流言之近代胡渭金榜並援
以說越語之三江最為塙當畢
文之未審五湖釋前兼愛中篇
而葆之會稽
左傳哀元年吳王夫差敗越于夫椒遂入越
越子以甲盾五千保于會稽杜注云上會稽

墨子
非攻
中

地理

「袁世之萬辭以將來武代宋南至霍山……」

詳衡乃右岸爲

越隱更也

蠻夷之順民

屬東夷所先

說苑指武二條

北户

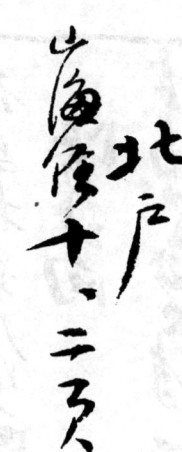

山海經十二頁

東四

北庄

南朝林邑傳國何處叉西南有日南閩門庄

北史高句

隋書西域傳王宗謝宣寔是重閩北庄北

向西但

一法度衡石丈尺車同軌書同文字地東至海暨朝鮮〔正義〕暨其記反朝音潮鮮音仙海謂渤海南至揚蘇台等州之東海也暨及也東北朝鮮國括地志云高麗治平壤城本漢樂浪郡王險城即古朝鮮也西至臨洮羌中〔正義〕洮吐高反括地志云臨洮郡即今洮州亦古西羌之地在京西千五百五十一里羌中從臨洮西南芳州扶松府以西並古諸羌地也南至北嚮戶〔集解〕駰案吳都賦曰開北戶以向日劉逵曰日南之北戶猶日北之南戶也北據河為塞並陰山至遼東〔集解〕駰案地理志西河有陰山縣〔正義〕塞先代反並白浪反謂靈夏勝等州之北黃河陰山在朔州北塞外從河傍陰山東至遼東築長城為北界徙天下豪富於咸陽十二萬戶

頌秦德明德意曰〔索隱〕二句為韻維二十六年皇帝作始端平法度萬物之紀以明人事合同父子聖智仁義顯白道理東撫東土以省卒士〔正義〕省山井反卒子忽反事已大畢乃臨于海皇帝之功勤勞本事上農除末黔首是富普天之下摶心揖志〔索隱〕摶古專字左傳云如琴瑟之摶一揖音集器械一量〔正義〕內成曰器甲胄兜鍪之屬外成曰械戈矛弓戟之屬一量者同度量也同書文字日月所照舟輿所載皆終其命莫不得意應時一事是維皇帝匡飭異俗陵水經地〔正義〕陵作凌猶歷也經界也憂恤黔首朝夕不懈除疑定法咸知所辟〔正義〕音避方伯分職諸治經易〔正義〕易音以豉反言方伯分職治所理常在平易舉錯必當莫不如畫〔正義〕畫音戶卦反謂政理齊整分明若畫無邪惡皇帝之明臨察四方尊卑貴賤不踰次行〔正義〕音胡郎反姦邪不容皆務貞良細大盡力莫敢怠荒遠邇辟隱〔正義〕辟匹亦反專務肅莊端直敦忠事業有常皇帝之德存定四極誅亂除害興利致福節事以時諸產繁殖黔首安寧不用兵革〔正義〕協韻音棘六親相保終無寇賊驩欣奉教盡知法式六合之內皇帝之土西涉流沙〔正義〕解見夏紀南盡北戶東有東海北過大夏〔索隱〕協韻音戶下無不臣者音諸澤及牛馬音姥〔正義〕杜預云大夏太原晉陽縣按在今并州遷實沈於大夏主參即此也人跡所至無不臣者功蓋五帝澤及牛馬莫不受德各安其宇維秦王兼有天下立名為皇帝乃撫東土至于琅邪列侯

南田

南交以南之地，而中國開發最早而有意義者，惟交阯。《史記》舜紀：南撫交阯、北發。索隱云：北發當云北戶，南方有地名北戶。淮南子作反戶，高誘注：在日之南，皆為北鄉戶，故反其戶也。林邑傳：其國俗居處為閣，[illegible]曰干闌，門戶皆北向。可知堯時所謂南交，即交阯之地，山嶺重疊，以後據有之。

南詔

時天寶九年也。明年，仲通討之，大敗。閣羅鳳遂北臣吐蕃、、以為贊普鍾，言贊普之弟給金印，號東帝。十二年，楊國忠以劍南節度使當國，調兵十萬，令侍御史李宓討之，復敗於太和城，死者十八。會安祿山反，閣羅鳳遂取巂州，據清溪關。在今四川漢源縣西閣羅鳳卒，孫異牟尋立，吐蕃封為日東王，益相

第二節　異牟尋之歸唐

閤羅鳳之臣吐蕃特以與唐構釁勢出于無可如何非其心之所欲故猶揭碑國門明不得已曰我先世世事唐後世容復歸之當指碑以示使者明吾之叛非本心也嶲州之陷西瀘令鄭回為南詔所虜閤羅鳳愛其惇儒以為清平官俾教子孫南詔既臣吐蕃悉奪其險要立營候歲索兵助防賦斂重數異牟尋稍苦之回因說之歸唐異牟尋並之稍謀內附未敢發而諸蛮頗聞其語聞于劍南節度使韋皐時德宗貞元四年也皐乃遣諜者遺以書吐蕃疑之責大臣子為質異牟尋愈怨九年四月乃遣使者三人異道趨成都遺皐帛書願歸款皐護送使者至京德宗賜以詔書命皐

遣諜往說。皋令其屬崔佐時至羊苴咩。城（異牟尋[redacted]時遷居羊苴咩城，在太和城北十餘里）時吐蕃

使者多[redacted]在南詔、、陰戒佐時。衣牂牁使者服以入。佐時曰。我

大唐使者。安得衣小夷服。異牟尋夜迎之。[redacted]設位陳燎。佐時即宣

天子意。異牟尋內畏吐蕃。顧左右。失色流涕。再拜受命。使其子閣

勸及清平官與佐時盟點蒼山。發兵攻吐蕃使者殺之。初吐蕃與

回鶻戰。（見第二十七 亦第三節）殺傷甚衆。乃調南詔萬人。異牟尋陽示寡弱。

以三千人。（舊書作五千）而自將數萬人躡其後。大破吐蕃于神川。遂

取鐵橋（在今麗江縣西北）、、溺死者以萬計。俘其五王。乃遣弟湊羅棟、清平

官[redacted]尹仇寬等入獻地圖方物。請復號南詔。明年。冊[redacted]為南詔王。于

是。南詔與中國復合。吐蕃勢孤。而南詔脫羈。年更強。兵益盛。

時昆明（今四川鹽源縣）為吐蕃所據。異牟尋攻破之。以食鹽池之利。十五年。請于皋。欲[redacted]尋吐蕃。皋以韓鎮難。兵不老。集勸其緩舉。而吐蕃以兵八萬屯昆明。贊普愛壻都羅為都統。遣尚乞力歎徐濫力屯西貢川。異牟尋與皋相聞。皋命部將武免率弩士三千赴之。又命將分屯黎州、嶲州。約有急並進。吐蕃以兵五萬自攻貢川分二軍攻雲南。（即姚州，今姚安縣）一軍自諸濟城攻嶲州。皆不克。皋將拔顯城末恭城。降其將楊萬波。既而濃律野多入邀離。於是虜眾歎徐濫力至鐵橋。南詔毒其水。多死。乃徙壁納川。是年。虜霜雪早。兵無功還。期以明年。吐蕃懲野戰數北。乃屯三瀘水。遣論莽熱誘瀕瀘諸蠻。還城悉攝。、、都吐蕃險要也。十七年。蠻首尋南詔及皋部將絶瀘破之。瀘水合〔金沙江〕蕃苦唐詔相猗角，大料兵三户出一卒，欲取嶲州，以絶南詔。皋督諸將分道出師，與南詔會瀘，入克城七，焚堡百五十，斬首萬級，獲鎧械十五萬。圍昆明、維州，不能克，乃班師。于是吐蕃遂取之謀阻，而南詔自立之基定矣。

第三節　南詔之後叛及其衰

南詔以一小國介居唐與吐蕃間，頗能並舉足為輕重於外，以唐與吐蕃相爭，常藉其力以資犄角援也。故唐固藉南詔之力以犄吐蕃，吐蕃窮亦藉吐蕃之力以[redacted]制南詔。南詔自皇蒙氏有國，以和唯異牟尋事中國最恭謹，則以其時方有吐蕃之患故也。及吐蕃之患澹而南詔之侵寇亦復作矣。[redacted]

異牟尋，憲宗元和三年卒，子尋閤勸立，明年卒，子勸龍晟立，淫肆不道。[redacted]十一年，為弄棟節度使王嵯巔所殺，立其弟勸利。[redacted]穆宗長慶三年卒，子豐祐立。趫敢，善用其下。時西川節度杜元穎以文儒自高，不練戎事，障候弛沓，[redacted]南詔遂[redacted]陷邛、戎、嶲州，入成都，止西郛十日，掠子女工伎數萬去。明年，復上表請罪。宣宗大中時，李琢為安南經略使，苛斂自私，南人結南詔將段酋遷陷安南都護府。世隆為勸豐祐子。十三年，豐祐卒，坦綽酋龍立，僭稱皇帝，國號大禮，亦作大理。懿宗以其名近玄宗諱，絕其朝貢。又陷播州，今貴州遵義縣。侵邕管，今廣西邕寧縣。復陷嶲州。屢發荊湖桂兵戍嶺南，又發荊、襄、洪、鄂、兩河銳士及江西兵往之。頃費殊甚。旋以高駢為安南都護。咸通七年，駢擊南詔，大破之。安南平。南詔又寇蜀。初，李師望建言：成都經總蠻事，曠日不能決，請析邛、蜀、嘉、眉、黎、雅、嶲七州為定邊軍，建節度，以制機事。從之。即以師望為節度使。邛距成都才五舍，嶲去邛乃千里，首尾不相顧，而師望利專制

諸同書（不記州縣）蠻傳代和，九月僭咸通十年，南詔自將寇嶲州，
陷清溪關，逼黎州，[redacted]破犍為（今の犍為縣），陷嘉州（今四川樂山縣），十一年，陷
黎州，入邛崍關（今邛崍），圍雅州（今雅安縣），遂攻邛州、濛陽、陸道，（今）
（東川）蠻遂進攻成都，西川節度使盧耽閉守，援師の集，乃和。十の年
後入寇，陷黎州，攻雅州，擊定邊軍，至新津而還（今の川新津縣），後寇黔南，
（今の川）經略使秦匡謀奔荊南（僖宗紀）。又攻黎州，引村之軍，翔歸，
（劃水縣）嶲、雅間，破黎州，入邛崍關，抵成都，閉三日，[redacted]乃從高駢鎮
西川，駢至，募精騎五千，不夜月，追至大度河，破邛崍關，復黎州，
南詔使請和。自南詔之叛，天子數遣使至其境，酋龍不肯拜使者，
遂絕。駢以其俗尚浮屠，故遣浮屠景仙攝使往，酋龍與其下迎謁。

目擊乃宗明事也。
少帝、曾孫、杙中也、宗寫為南、謂僧、宮、羅深之時代也、甚、蒼遊、羊少、孝、殺戮也、觀戰
異、己、者、皆甚也、兵、出、年、嬰、歲也、謝、興、史、相、衛、紹也、師、出、康、露也、其、宦、官也[illegible]勞、
多、十五、以下、東、萬也、婦、人、耕、作、餉、軍也、國、上、宮、益、耗、知也、甚、沈、痺、子、吃也
生、少、好、聘、職也、甘、心、逸也、國、事、為、決、者也、臣、扮、益、力也、我、府の年也、匿、不也、將、奏
請召知親也、議者殿之、其事也、久不決也、而詔知留之、詔也、後、流、於、南也、臨、之也、會而
川節度使陳敬瑄中和親議也、虞模擬政也、點召高將兼也、勸帝許之也、于
是以宗室女為西代長公主、許其婚也、然卒未行也、昭宗建元中、僖宗
崩也、後遣使款塞、而修好也、昭宗不答也、及中國亂也、遂不復通也。

唐賓時濮族

第四十三章 唐宋時諸濮族與中國之交涉

第一節 黔江及大渡河流域諸濮族

東謝。蠻首長謝元深。以唐太宗貞觀[redacted]三年入朝。以其地為應州。隸黔州都督府。又有南謝。首領謝彊亦來朝。以其地為莊州。牂牁蠻首領亦姓謝氏。唐高祖武德[redacted]三年。其王龍羽遣使來朝。以其地為牂州。其北百五十里有別部。亦來朝。以其地為充州。玄宗開元中。牂牁酋長元齊死。孫嘉藝襲官爵。後乃以趙氏為酋長。閤羅鳳之叛。有趙國珍者。楊國忠授以黔中都督。屢敗南詔。護五溪十餘年。卒。趙亦稱西謝。其初酋長當亦謝。趙氏世為酋長。居于渠。帥姓李氏。自古未嘗通中國。黔州首領田康諷之。故貞觀中亦遣使入朝。西趙首領趙酋虞摩所部萬餘戶內附。以其地為明州。以上諸蠻均在今黔江流域。[redacted]即漢牂牁郡地。至

勿鄧豐琶兩林天寶中皆受封爵南詔陷嶲州遂羈屬吐蕃貞元
中復通欵以勿鄧大鬼主苴嵩兼邛部團練使封長川郡王死子
苴驃離幼以苴夢衝為大鬼主數為吐蕃所侵獵兩林都大鬼主
苴那時遺韋皋書乞兵攻吐蕃戰甚力詔封為順政郡王夢衝為
懷化郡王豐琶部落大鬼主驃傍為和義郡王夢衝內附吐蕃斷
南詔使路皋[illegible]數其罪斬之披其族為六及苴驃離長乃命為大
鬼主年少驍勇數出兵以攻吐蕃焉
濮族之名金沙江及大度河流域都其可（唐時）考見之事跡止於此其
餘部落小無可考見其迹南詔都則或為所殘滅或併而入之
知宋時[redacted]

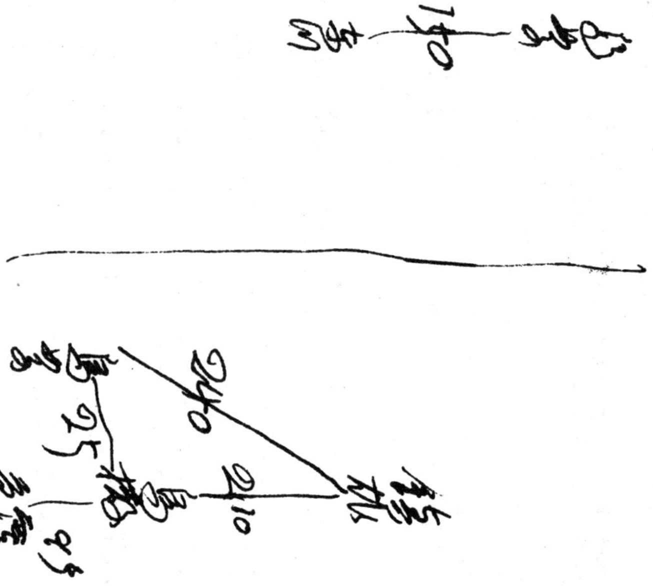
140
240
210
25
95

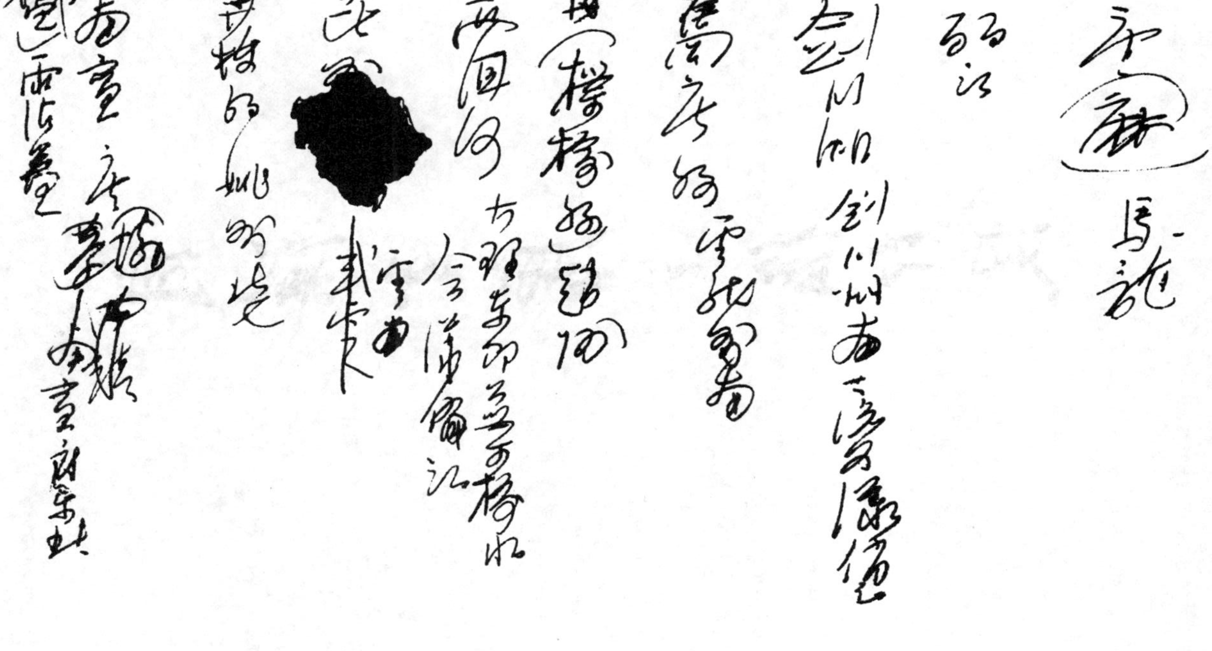

自漢至唐之後印度

第三十三章　印度戒日王之興及其与中國之交涉

自六朝以之與印度西北鄰即為所羅摩月氏之嚈噠健之數

爾年來實為外寇所苦勢頹不振迨唐初而有一英主興印[redacted]

尸伽笈多羅阿迭多曷或識作尸[redacted]所謂戒日王也尸羅迭多為比羯若鞠

闍國王都曲女城本以著作文云又嗣為東印度羯羅拏蘇伐剌

那國王所書設賞迦六年之中畢逐所敵[redacted]于時五印

土諸尸羅阿迭多勃然象不解鞍人不釋甲因討四天竺皆

陸之舍唐沙門玄奘至其國時王在羯朱嗢祇羅國召之會於

曹已問曰自何國來對曰從大唐國來請求佛法王曰大唐在何

方經途所亘去斯遠近對曰當為此東北數萬餘里印度所謂摩訶至那國

是時王曰：嘗聞摩訶至那國有秦王天子，少靈鑒，長而神武。昔先代喪亂，率土分崩，秦王平定海內，風教遐被，殊方異域，慕化稱臣。秦王破陳樂，聞之久矣。大唐國者，豈此是耶？對曰：然。至那者，前王之國號；大唐者，我君之國稱。（據此，則至那二字，仍係指一朝言之，非中國之通稱。抑戒日王但知中國之稱，而玄奘告以朝號耶？）昔未襲位，謂之秦王；今已承統，稱曰天子。風猷大化，難以備舉。王曰：盛哉！彼土群生，福感聖主。貞觀十五年，遂自稱摩伽陀王，遣使者上書。太宗命雲騎尉梁懷璥持節尉撫。尸羅逸多驚問國人：自古亦有摩訶震旦使者至吾國乎？皆曰：無有。乃出迎，膜拜受詔書，戴之頂。復遣使者隨入朝。詔衛尉丞李義表報之。二十二年，遣右衛率府長史王玄策使其國，以蔣師仁為副，未至，

尸羅逸多死國人亂其臣那伏帝阿羅那順自立發兵拒玄策時
從騎才數十戰不勝皆沒玄策挺身奔吐蕃西鄙檄召鄰國兵吐
蕃以千人泥婆羅以七千騎來玄策部分進戰三日破茶鎛和羅
城阿羅那順委國走合散兵復陣師仁禽之餘眾奉王妻息阻乾
陀衛江合陀師仁擊之大潰獲其妃王子降城邑五百八十
所象阿羅那順獻闕下焉

羅泌細

羅泌

見夏曾佑經學論 29 33頁

48

羅泌路

自序天

近代之後印度

第二十三　後印度半島

第六十四章　安南暹羅緬甸之興亡

第一節　安南陳黎二氏之興亡

後印度半島之地，以紅河流域地勢爲最平坦，又距中國最近，故開化最早。湄公河、湄南河流域次之，至伊洛瓦諦江上流，則其地勢頗崎嶇，故其發達亦最晚。然居其地之人，則性質殊甚強悍，故至近世，而緬甸遂與安南、暹羅鼎立，稱大國焉。

安南自英宗時，嘗貢謝罪于元，息邊境以甯。傳于明宗奣立，即元史之陳日爌。安南之王皆有二名，一以事中國，用之于本國。崇尚文學，治化蓋彬彬可觀。然自此頗流于文弱。卒，子憲宗旺立，元史名日焯。憲宗卒，弟裕宗暭立，明史名日煃。時占城國王老奰。曰其子為布田。譯言攝政請為布提。也相王卒。布提自立。布田弃安南。裕宗為之、起兵、伐占城。不克。裕宗卒。無子。初裕宗兄昱。嘗養優人楊盍姜之子為子。名日禮。及是裕宗妃迎立之。為大臣所廢。立明宗子暭。明史名叔明是為藝宗。日禮奔占城、、來伐。交、都、淊宮、室、國、初。高、為、煬、燼。時明洪武三年也。閏二歲。藝宗傳位于弟㬢。明史名端是為睿宗。十年。伐、占、城。歿、殂。弟煒立。是為廢帝。性柔懦。外戚黎季犛竊柄。廢之。立藝宗子日焜。是為順宗。旋弒之。立其子顒。又弒之。立其弟㬗。旋又弒㬗。大、殺、陳、氏、宗、族、而、自、立。時明建文元年也。季犛後姓曰胡。自謂系出、虞、舜。建、國、號、曰、大虞。旋傳位于其子漢倉。明史名查明太祖之興也。嘗使柗諭安南。、裕宗遣使入貢。詔封爲安南國王。冊使至。適裕宗卒。楊日禮受封。明年。藝宗使入貢。明以爲篡奪。却之。藝宗後遣使自白。乃令以前王印視事。黎季犛弑篡。明初不之知。成祖立。使以即位往諭。漢倉自署權理安南國事。使來貢。詭言陳氏嗣絕。爲衆所推。乞賜封爵。詔即封爲安南國王。既帝其國中自者也。漢倉旋侵廣西邊境。又侵掠占城。、、來訴。諭令修好。不聽。又遮奪所賜占城物。方遣使切責。而安南舊臣裴伯耆詣闕告難。老撾亦送明宗子天平至。請兵復讎。成祖切責漢倉。令具陳篡弑之實。漢倉使謝罪。請迎天平歸奉爲主。許之。永樂四年。明以兵送天平。至芹站。去諒山難。爲伏兵所殺。成祖大怒。命

陵闕南

沐晟張輔分出廣西雲南討之。大敗其兵。五年。禽季犛父子。遂象師伏誅。求陳氏後不得。乃置交阯布政司。治其地。安南自宋初離中國自立。及是已四百餘年矣。其國性既粗具猾。不易與中國善合。于是永樂六年。明師南還。藝宗子頠。即起兵圖恢復。是為陳氏簡定帝。明史云陳氏故官簡定誤。命沐晟討之。敗績。明年。復命張輔與晟協力。頠傳位于族人季擴。自稱太上皇。輔破頠。獲之。季擴遁去。復命張輔會晟進討。至永樂十三年。乃破其衆。季擴奔老撾。追禽之。明年。輔還。交人本畏中國兵威。非心服。中官馬騏又以采辦至其境。偽求珍寶。人情騷動。寇盜之起。有黎利者。本仕陳氏。為金吾衛將軍。覩其將亡。即棄官歸隱。明定安南。授俄樂縣屬清華府巡檢。乃及是乘機起兵。以後遂

將討之。至十八年。擒宸宗。惟利竄老撾不獲。宣宗即位。命王通
柳升討之。通懦不知兵。與安南戰敗績。即陰許以和。升至倒馬坡。
雞陵遇伏敗死。通益懼。教利詭表立陳氏後嗣。與盟引還。宣宗心
関南
知其詐。然以借此息兵。許之。遂棄交。官吏軍民北還。三年。利稱帝。
國號大越。是為黎氏太祖。旋詭言陳嗣殉故。乞封。六年。令權署國事。
八年。利卒。子天龍立。麟一名。是為太宗。英宗正統元年。乃封為安南
國王。

第二節　明時西南諸土司之形勢及平緬麓川之役

方安南暹羅之受封于明。為獨立國也。緬甸之地尚隸明為土司。
至中葉以後。乃漸具獨立之勢。然亦以數百年間。以印度半島三

國初為中國患者莫緬甸若則伊洛瓦諦江上游山地之民性頑強悍其初以勢分而弱不足為患其後緬甸實收率之故也故欲知緬甸建國之由不可不先審明初西南諸土司之形勢

雲南之地自唐以來即隸于大理元初乃平之諸蠻族來歸者眾以其地置土司明初亦仍之參看第四十二章第四節其時西南疆理所及極遠然實力所至西不過抵永昌南未能踰普洱自此以外不過羈縻而已緬甸之所以自立暹羅之所由出知也今略述明初西南諸土司之形勢如左

明初永昌以外諸土司最大者莫如平緬麓川今日保山以西之潞江西岸及騰衝以西南[illegible]南向干崖盞達之地皆其舊境又

自山越漢龍、天馬諸關，直抵今緬甸北境。伊洛瓦諦江右岸之孟拱、孟養。及左岸之八莫、孟密等。亦皆其地也。平緬、麓川之南。今孟德勒及阿瓦一帶。為緬甸之地。其南為洞吾。今仍名同吾。又其南為古剌。則今擺古也。其至普洱之南者。為車里。在雲南境內車里之南為老撾。今暹羅西北境。老撾之南為八百。元八百媳婦。今緬甸東境。瀾滄江右岸。東界安南、接暹羅。盡明初畫理所及。窮包今伊洛瓦諦江流域及于薩爾溫江之江上游也。

平緬、麓川。元代本為兩宣慰司。明初。平緬酋思倫發來朝。太祖仍以原職授之。尋命並統麓川之地。洪武十八年。倫發反。二十一年。沐英討破之。明年。倫發遣使謝罪。後倫發為其部長刀幹孟所逐。來奔。太祖命將討禽餘孟。倫發乃回還。于是分其地。設孟養、木邦、孟定、潞江、干崖、大侯、灣甸諸土司。久之。倫發卒。子行發立。卒。弟任發繼之。時緬甸宣慰使新才加。為木邦所殺。任發侵有其地。遂以尽後於此。稱兵援也。沐晟討之。敗績。英宗正統六年。以王驥總督雲南軍務。蔣貴為平蠻將軍。督諸道兵十五萬討之。任發走孟養。為緬人所禽。子機發竄。大兵還。後據麓川為寇。命王驥、蔣貴再出兵討之。初。任發之走孟養也。詔命木邦、緬甸能禽之者。即以其地與之。緬甸既禽任發。遂挾以求地。驥兵至騰越。緬甸亦列兵以拒驥。擊破之。然緬甸得機發詐。不肯出任發。驥念麓川未平。不可更樹緬敵。乃以兵擊機發。破其眾。立隴川宣撫司而歸。在今龍陵縣西機發據孟養自如也。十一年。緬甸乃以任發及其妻孥三十二人來獻。至雲南。任發于道中不食垂死。千戶王政斬之。函首京師。而機發率伏匿不出。十二年。再命王驥以兵十三萬往討。緬甸、木邦均以兵來會。機發遁去。驥還。其部眾復推任發少子祿據孟養。驥知終不可平。乃與約。許居孟養部勒諸蠻。而立石金沙江為界。曰。石爛江枯[redacted]尔乃得渡。遂班師。既。機發亦為緬甸所得。以景泰中以銀寶等地予緬。緬乃送機發及其妻孥六人來。未。誅之。思氏怨緬。嘉靖中。祿子[redacted]倫。（中作思陸發即一人）思祿明史于緬甸傳與木邦孟密等被緬殺。大苍薪紀歲。分據其地。氏紀歲子瑞體強攻孟養滅之。其酋思箇走死。孟思氏始據平緬麓川。后嗣孟養。乃亡。思氏地最大。最近。最故其背雖最早，正統時明兵三次大舉，卒未能收全功，可知其與之強。太祖之乘機分裂其地，蓋非無由。然黎氏雖禁竊自為明所分裂，恢復之業卒未克就，又屢為知兵所歸踊卒以陷之。[redacted]思氏云而緬甸強矣。不然，伊洛瓦底江流域之地，起而統一之者，未必非平緬麓川也。故平緬麓川之亡與緬甸之興，實有密切之關係。

第三節　緬甸之建國及其與明清之交涉

緬甸在元時單稱緬，已見前。明太祖洪武二十七年，置緬中宣慰司，[redacted]以其酋卜浪為使。成祖永樂元年，復設緬甸宣慰司，以土酋那羅塔為使。于是緬地二宣慰並立。該緬甸宣慰使新加以為本邦所殺，子弟潰散，緬人共推莽得剌權襲職，是為莽氏有國之始。

宣宗宣德二年，詔以為宣慰使。自是來貢者，祇署緬甸，而緬中之名不復見。嘉靖初，宣慰使莽紀歲為孟養、木邦、孟密所殺，子瑞體南奔洞吾母家，其酋養以為子。既長，遂有洞吾之地。瑞體有雄略。而其時葡萄牙人已通商于東洋，瑞體倩為之邀兵，奪古剌之地，勢日張。孟密酋兄弟爭立，訴于瑞體，瑞體納其弟為孟密酋，段兄思送。捌奪其兄位，木邦孟密拔求龔木乃然往投瑞體，嗣江宣撫使緣貴間之，亦往附焉。有岳鳳者，江西撫州人，商于隴川，隴川宣撫多士寧以為才，妻以妹，用為記室。鳳有異志，與緬相結，殺士寧，據其位。干崖宣撫司怕舉死，其弟怕文推瑞體，攻殺之，以付怕舉之妻。怕舉妻罕拔，抹也，後以岳鳳誅，後就殺之，奪其印，與莽莫

思猛之迎附于是平緬麓川復地始熾為所并獨孟養未下瑞體
大發兵（攻破之）圍猛走死思氏以緬人撫造依恭務發大世互楓仇思
代亡緬甸蓋氣所忌矣嘉靖八年瑞體卒子應裏嗣殺掠殆盡存
神宗十年邀寇明邊明將劉綎鄧子龍大破之明年四月直抵阿
瓦岳鳳等伏誅緬將之守隴川孟養蛮莫者皆遁去明兵定隴川
而朔應裏攻孟養蛮莫明將李材時已離越後出兵擊敗之暹羅
乘機攻之殘古剌應裏長子攜抱被殺於是滇緬各勢分崩不敵
內犯然附近緬諸部附之數救緬甸遂四之擾至是遂獨寧矣
永曆帝之奔緬甸也緬甸之王名莽達剌莽瑞體曾孫也受之
合諸土司兵以拒滇兵循伊洛瓦諦江而下直逼阿瓦時葡萄

牙人僑居緬甸者頗多，請助之守。傑請兵不納，兜緬人懼，請再至。多答至。而悄剌都木乘之，弒王自立。順治十八年，吳三桂集降將土司兵七萬出邊，緬遂執永曆帝送三桂軍。緬自此內亂相繼，勢頗不振。古剌乘機自立。康熙二十五年，以荷蘭人之助攻緬，破阿瓦，禽其王，其布國緬全境為古剌所并，保伊洛瓦諦江上流之地。六屬緬。乾隆初，有麻哈祖都緬，復國，盡收舊地，乘勝并古剌。十九年，緬莽達剌為錫箔江（江即緬）貴族所殺，木梳土司雍籍牙起而代之，滅阿瓦，平古剌。子孟駁，後并阿剌干，滅暹羅，取大拋，益大矣。以上段記事

查采西史

自緬甸強盛以來，緬據瀕江外諸土司，稍稍為所并，後與抗顏行。

都康亂電前普洱邊外有銀廠曰茂隆廠，大山土司又有銀廠曰波龍廠、桂家。都明永歷帝之遺民也。兩廠盛時皆至數萬人，實為滇邊屏蔽。乾隆二十三年茂隆廠主吳尚賢為雲南所誅，廠散，桂家旋亦為緬甸所滅。三十年緬遂侵擾邊土司，兵分三路滇，劉藻措置失宜，無策自殺，代以楊應琚。應琚至滇，值緬兵退，因收復已失之地，遂張皇奏緬可取狀，實則緬爭可乘之際，應琚兵無新街亦敗也。三十一三十二兩年與緬相持，應琚以將軍明瑞代之，額勒登額為參贊大臣，分兵兩路進。額勒登額頓兵不進，明瑞無援敗死。詔磔額勒登額，以傅恒為經略，阿桂、阿里袞為副將軍，更調索倫、吉林兵，健銳、火器營及廣東水師攻緬。三十四年七月分兵兩道。夾瀾滄江而下。九月。復以舟師出江中。繼之。三路偕進。然及老官屯。地當在孟養之南。經略已病。攻之久不克。乃因緬人之請和。許之而還。然緬卒倔強不朝貢也。及暹羅鄭氏復國。緬兵屢為所敗。緬人徙都至阿勃。五十一年。鄭華受封于中國。為暹羅國王。見第二節。緬益懼。先是孟駁卒。子贅角牙立。孟駁弟孟魯弑而代之。國人又殺孟魯。立雍籍牙少子孟雲。及是遣使請平于中國。甚恭順。五十一年。詔封為緬甸國王。案中國用兵于後印度半島者。不甚得利。而于緬甸為尤甚。蓋天時及地利使然也。

第四節 安南黎莫阮三氏之紛爭及占城之亡

大越太祖黎利。既距明自立。始分國為十三道。以交州為東都。清

華為西都。國勢頗盛。及太宗立。興學校。復科舉。而文治亦彬彬有可
觀。太宗卒。子仁宗濬立。一名基隆年幼。太后阮氏聽政。庶兄諒山王宜
民。明史名琮以年長不得立。常懷怨望。英宗天順三年。弒仁宗自立。未一歲。
為大臣所誅。立仁宗弟平原王灝。一名思誠是為聖宗。聖宗為黎氏賢
主。通佐命。善文詞。內治既修。兵力益振。[redacted]西伐老撾。蠶其土宇
之大半。緬甸等以懼而納款。遂南侵占城。
占城當洪武初勢力頗振。[redacted]一節兄弟爭位。遂積弱。先是以太祖時。
占城王阿荅阿者來貢。太祖封為占城國王。阿荅阿者無道。洪武二十
三年。為其臣閣勝所弒。永樂元年。占城入貢。其王名占巴的。正統
六年。占巴的賴孫摩訶貴該立。十二年。為安南所擄。英宗[redacted]立占巴

的之猛曰摩訶貴來。景泰三年。卒。弟摩訶貴由立。天順二年。卒。摩訶槃羅悅徙之。四年。卒。弟槃羅茶全立。成化七年。後爲安南所執。弟槃羅茶悅立。十年。安南聖宗滅之。以其地爲廣南、順化二處。後爲明所責。乃以其遺數城立其後齋亞麻弗菴。仍時侵擾之。弘治中。明以行人爾虔以兵二千。戰舟二十。送其留古來返國。安南不敢拒。自此占城仍保廣南、方拔、順。存其宗祀。及阮氏據廣南。自立。乃爲所并吞。

聖宗以弘治十年卒。子暉立。是爲憲宗。十七年卒。子濬立。一名敬甫。是爲肅宗。七月丙卒。弟誼立。一名濬。是爲威穆帝。甚虐。國人弑爲鬼王。太后父阮文朗殺。立聖宗孫瀠。（作瀅）明史威穆帝弑政向。報瀠立。是爲

襄翼帝○驕侈○好土木○大臣陳真專權○其黨鄭惟㦃弒帝○有莫登庸
者○漁家子○以勇力起家○歷仕三朝○信任太師○起兵討賊○從之立昭
宗曾孫譓○是為昭宗○以嘉靖元年也○旋為登庸所逼○遁居清華○登
庸立其庶弟厖○是為恭帝○嘉靖六年○遂廢之而自立○是為莫氏太
祖○
莫登庸以嘉靖九年○傳位于子登瀛○是為太宗○十六年○傳以莫氏
篡逆來討○莫氏乞降○十九年○登庸入鎮南關○因首請罪○納舉國為
內屬○于是明改安南國號○以其地為都統司○授登庸都統使○先是
黎氏之亡也○其遺臣阮淦復立昭宗子寧于哀牢○是為莊宗○嘉靖
十二年○復入西都○自是莫治○北○黎立○其後莊宗以婿鄭檢為太師○阮

淦死，將軍執其柄。莊宗卒，檢立其子寵，是為中宗。卒，無子，檢

立襄宗之玄孫維邦，是為英宗。時檢卒，子松代主執政，大權居

內。掌松廢英宗，遁而走，為所弒。松立其子維潭，是為世宗。莫氏自太

宗以後，傳福海、宏瀷、茂洽三世，稍日衰。萬曆二十年，世宗入東京。

茂洽被殺，以其弟為內應也。來請立茂洽子敬恭于高平。世宗

入關，為莫氏登庸故事，授以都統使之職，事乃已。世宗卒，太子不慧，

鄭松廢之，立其弟維新，是為敬宗。阮淦子潢，自莊宗時出鎮順化、

廣南。起兵討松，不克，潢遂自立為廣南王。自是順、廣別為一國。

特松子梉上，對于黎代握其柄。弒敬宗，立神宗維祺。卒，子

玄宗維禔立。康熙五年，清冊為安南國王。而莫氏之玄高平者，

仍以鄭松都統使之職。玄宗卒，子嘉宗維禬立。十三年，來吳三桂之亂。
為莫氏所亡。于是安南國，國于黎氏。
其黎氏自莊宗以來，大權世在鄭氏之手。鄭松以後，楙、柞、根、森。
世相繼皆執政權。自嘉宗之後，以至倚而政。献宗維禕時，鄭森執政。
寵驕恣，失衆心。森廢其嫡子棟，而立[redacted]庶子幹為嗣。森卒，
而代之。初，廢嗣之自立也，以厥豪所危，誘阮氏，又古其攜之兵，代立。
數順化阿下，阮氏惠遁，中阮僭七世孫福嶼，置副王以鎮之。
[redacted]已而福嶼殺其長子，而侍立次子福順，而西貢豪族阮氏阮文岳，
與弟文慮、文惠，阮曉勇知兵，以為亂。鄭無故順化阮之福順走死。
文岳遂自立為王。文岳至鄭幹來之，潰其攻，權直擊之，乃師干文岳。文岳之使

文惠攻伐之，入東京，鄭棟自殺。時乾隆五十年也。明年，毅宗卒，嗣孫維祁立。[redacted]子奉尺戟，挾翰罿廣南兵，為黃整鎮都。阮輕黑，挾黎拒阮，以王命，遂為那女婿。文惠還師攻殺之，自稱東京王。維祁逃。惠大臣阮輝宿，奉其母妻廣西。告高宗，詔置之南寧，而命兩廣總督孫士毅為之出師。十月，士毅與提督許世亨出鎮南關。十一月，蒞富良江，維女守之，入東京，維祁出謝。士毅承制封為安南國王。事平，詔班師。為士毅言阮文惠求降之詭，詞誘以為功，不即返，又不設備。明年正月朔，文惠所襲破之。維祁入士毅營，以浮橋以拒追師。許世亨等殉難戰死于南岸。師還者不及半。詔以福康安代士毅督師。文惠以廣南[redacted]阮宦與精銳擁中國，討使乞降，有族阮府之而及季

李孝聰旬

纤部总安置多布。除入旗籍焉。

第五节　暹罗之建国

暹罗。古赤土之地。后分为暹[redacted]罗斛二国。罗斛王李罗隆正。以唐太宗贞观十四年建国。暹罗人合小量为暹罗为一。那耶旦史乘阑伊加可微之事甚少。元顺帝至元十六年。其王参烈孛罗达怡菩提始为暹罗。暹罗斛国。巴邪寸今称地正。参烈孛罗达怡菩提那子参烈昭毗牙立。为伯父参罗多罗禄所篡。入贡于明。太祖封为暹罗国王。自是遂中国。命以暹罗名其国。苏瑞侔之御赐大婚于暹罗。不谢。苏瑞侔安兴拜破之。其王自经。世子乃顺所谒。即者为所据。而为一朝。王首历三十一年。有李罗姓暹云者。遂据地自立。是爲第六期。數傳而微。鄭國又侵。勢頗不振。暹羅割常立正副二王。二王之位不定傳世。即傳世。無兄弟相及。或子弑父。中擇所愛立之。不必嫡長。後常紛爭。肇內亂。天聰中。國人由國長攻暹羅。金邊有兵臣之亂。即今六臣時。以柔干王。王援以兵。使擊之。大掠。又從緬人及呂宋來侵之。而王抗之。使柔國攻之。於將國共治定。父子相及之法。由此而爲成據。國人頗不協。遂擾亂。暹兵以兵討之。而敗死。扶植扶植卷代盡是爲第三期。立凡十餘年。而爲緬甸盡駁所滅。暹羅地最饒衍。爲緬人據。中國財賦半于暹。人情作斂無藝。多兵自立。鄭昭都中國。明朝人也。通父康宗。暹羅國任爲官。鄭華相暹爲第三期云云也。昭自已殺。相居南都。華立十餘年。今曼谷朝

自立爲小國

與則。降四十三年。遂後因患、出、為、弟、四、邪。素家。為爭王位覺所弒。靖

葉榮極陞。方討貴偏寨。丞吳宗三哉。[redacted]華榮極陞。暹羅人。明知早年

養為知。後以女妻之。後因殉戰功為一。收是遂即位為。五十一年。

使告爭之書。其表文稱鄭華孫哉[redacted]王三樓為。小譯者之省

一字為名。底、林、為、暹、羅、國、王。俗稱偕達。今未據。

初為高舊阮云云也○阮福順子福映○與步逃匿海島○而法國傳教師阿村蘭○（一作畢尼約）
雅相識○阿村蘭遂偕其世子景○（叡）乞援于暹羅及法國○會暹羅以東浦寨○事別阮楠
肄○乃以女妻福映○助以兵○福映自在暹邏為存地○兵力[illegible]稍[illegible]厚○阮下嘉定○大捷○越數
年○法人始以兵來援○時文惠已據東京○滅黎氏○自稱東京王○統上京○以文岳自
稱太帝○治平定州○統中京○以文侶為東定王○統下京○阮福映據其地○因法兵
來援○乃復據嘉定○破阮文惠軍○未幾○文惠卒○子（光纘）弘纘立○文岳文侶繼之○兵勢衰蹙○
嘉慶四年○舊阮遂取順化○弘纘[illegible]僅據東京○七年○福映克東京○獲弘纘（光纘）○殺之○
受封于中國○號越（南）國王○其於國中則稱[illegible]安南（皇帝）○是為阮世祖嘉隆帝○今周鼎○末○

（嘉慶七）二年一至四年一期

黎與阮舊阮相仇殺分部地三百載至是乃滅於阮一焉

福映之乞援于法也許事成割化南為酬且許法人自由通商以後國威阿

特蘭之使處之西貢使駭文衛遣回國福映悔之以法人未代南為斷不與卒子

嘉隆立卒子明命帝卒子弘特立是為紹治帝〻〻卒子嗣德帝弘任立自明

命帝至嗣德帝三世皆與法人齟齬拒之使而殺主教教徒嗣德帝之世法人

於是法軍艦來威[redacted]艦二及嗣德帝時遂以兵入代南港據西貢[redacted]

[redacted]越南人深之據路[redacted]同治元年[redacted]割邊和嘉定定祥三省償

兵費二千萬法郎[redacted]那隆安江河仙三省[redacted]由法人代治初李福同意之

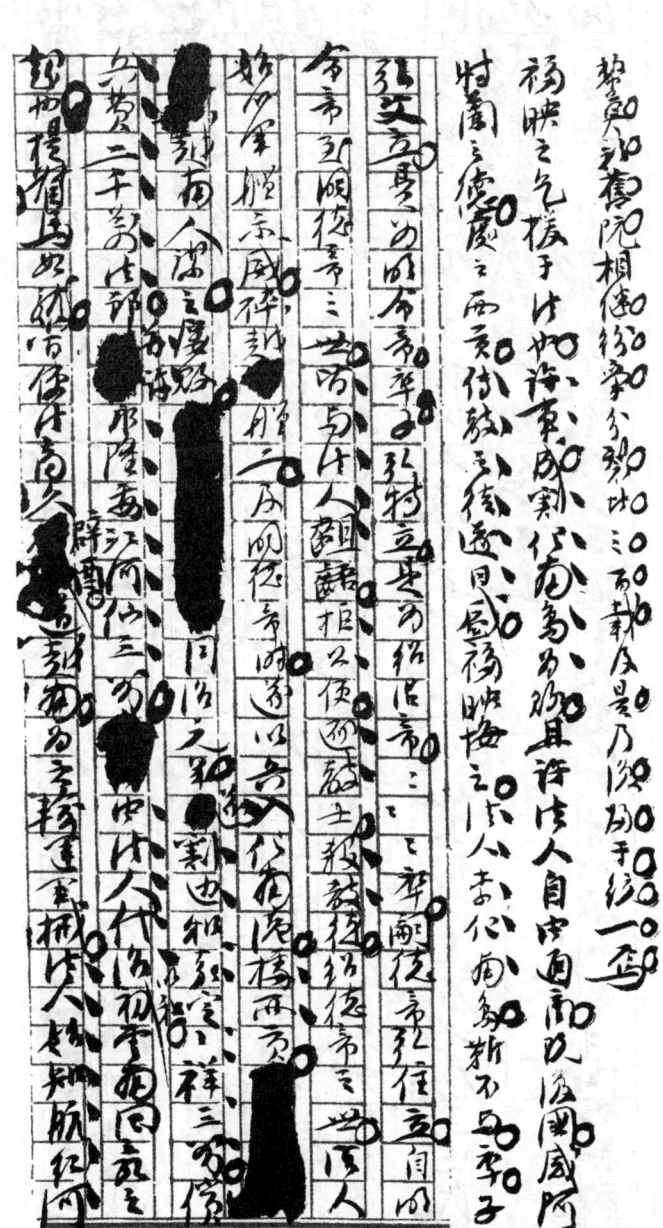

越南提督馬如龍請法商人[redacted]為之轉運軍械法人某與航紅河

法國素有窺越之心，乃於同治十二年，法人遂據安南會議，[illegible]法之國書，自由通航紅河，中法構兵。已後，以紅河沿岸各處為商埠，並要求越南駐兵防各關內，旋陷東京各城。越結黑旗兵復之。未幾，嗣德帝卒，得繼立，立。大臣阮文祥擅國，與法協議之，而立朗德帝為協和帝，旋又廢之，而立建福帝。法人來攻，都不敵，訂條約二十七章，越南遂為法之保護國。于是有中法之戰，兵結事中國政者共立咸宜帝，法人乃立其兄同慶，為法人所立。阮氏幼子成泰為國王，以守府之虛名。

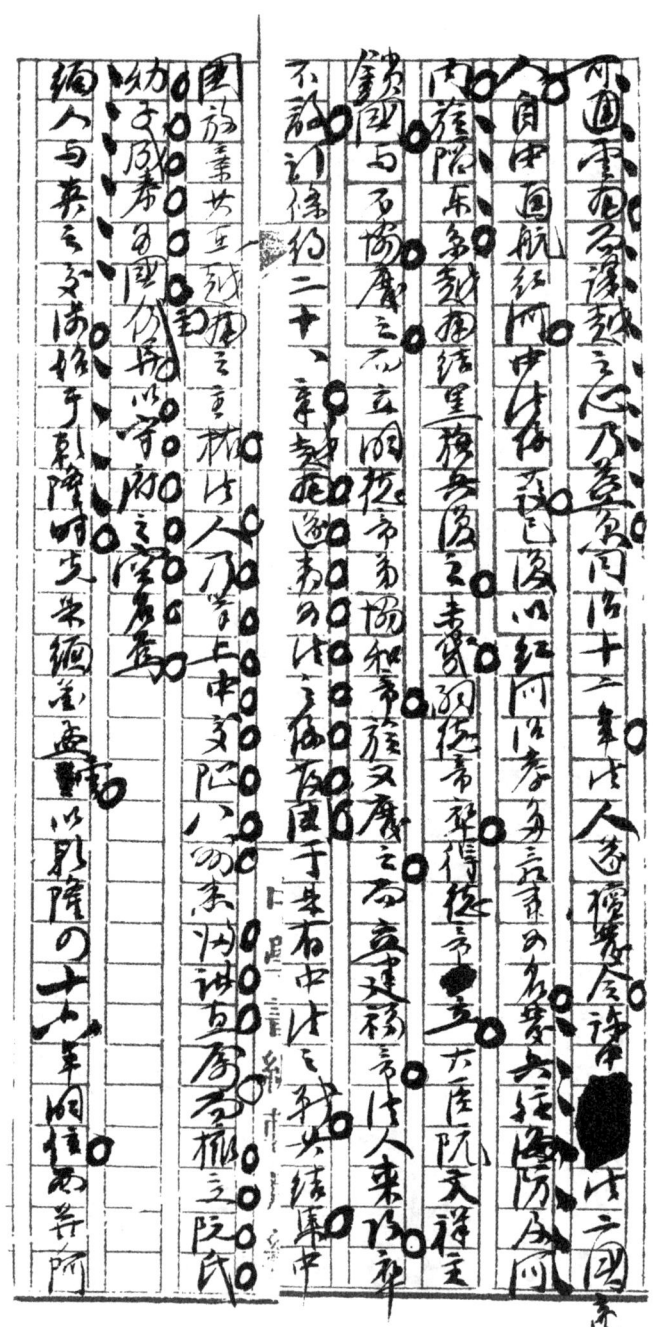

緬人與英之交涉，始于乾隆時。光緒緬甸立，以乾隆の十八年間佳西善所

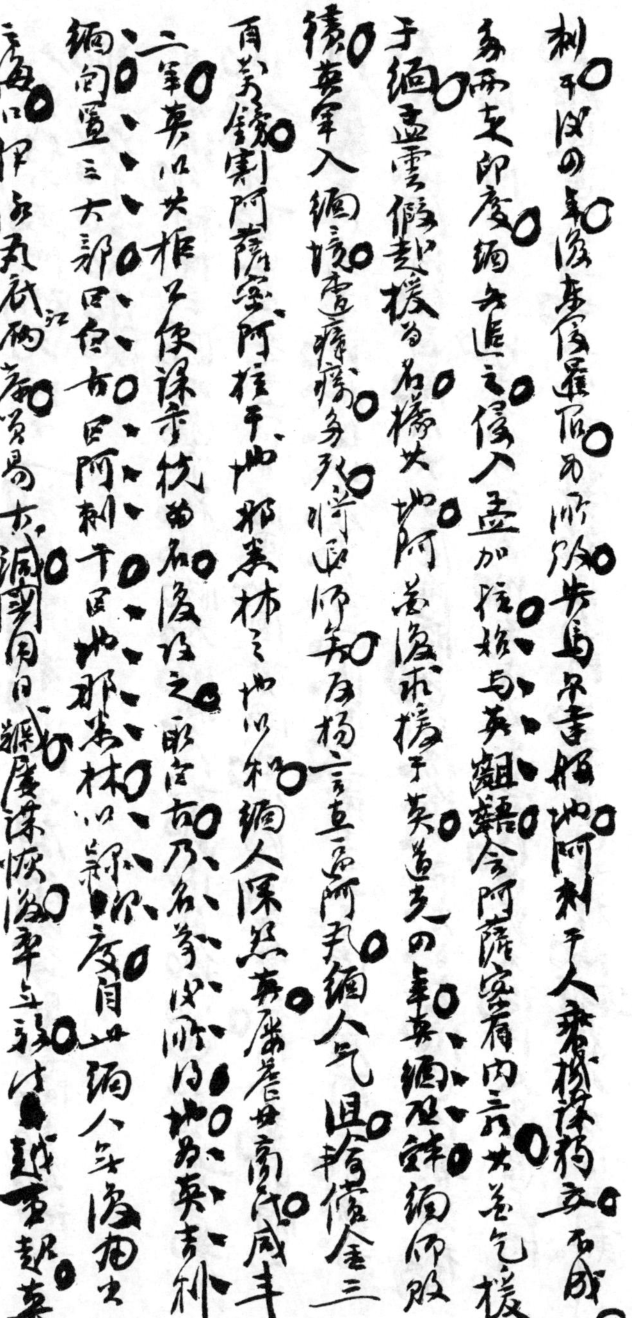

人衆，我不暇他顧。光緒十一年，國亡。屬英以後，以屬印度。馬來附庸本屬暹之邦，亦次第受英保護。

安南緬甸相繼亡滅，而暹羅獨存，以英法兩國勢均，又自為也，遂亦日蹙。

緬人亦云東來。先是暹羅阿白，緬國與國勢強盛，兩不相下，若老撾、信、安南、柬埔寨以

河。以安之地，南北狹長，一、緬國，咸豐元年，暹羅王摩訶芒克始與

英、法、美諸國通商，及其子摩隆功繼立，務輸入西方之文化，近世暹羅

以湄公河以東之地，當屬安南，暹羅實讓，暹羅不論其人居湄公河

上，暹羅逐阿緬，又以其北封疆湄南河，以巴薩及其都城盤谷，暹人不得已割

湄之所左知及河中洲為[illegible]升即且先其前二十五料以內之地及拔但邦
安哥爾兩[illegible]州埠不宜成知附光緒十九年即英法專代協商乃定以湄公河
為兩國界綫湄南河流域為中立之壤而屬江以東即馬來半島之北為英勢
力範圍據但邦安哥爾哥柏比諸州為法勢力範圍三十年英法又訂協約
湄南河以西兩國勢力範圍之界即

南洋諸國

流求　大業之　[illegible]

之遂與俱往言語不通掠一人而返明年復令寬撫慰之不從寬取其布甲而歸時倭國使來朝見之曰此夷邪久國人所用也帝遣武賁郎將陳稜朝請大夫張鎮州率兵自義安（今廣東潮安縣）浮海往流求求不從稜擊走之進至其都焚其宮室虜男女數千人載軍實而還自隋遂絕除流求外大抵以玉帛相見而來賓一二動以兵戎蓋諸國皆距遼方小國或貪賞而來或慕威德而至境地不接政教不宣與中國固無甚關係也

諸國率皆小部落强則并吞它邑弱則臣屬於人故同一地也而其名屢變其見于唐書者惟驃國地長三千里廣五千里有屬國十八部落二百五十（以）室利佛逝地東西五千里南北四千里

有城十四以二王分治其靈域頗居訶陵王居闍婆城其祖吉

延東遷于婆露伽斯城旁小國二十八莫不臣服

覽邦／
亞齊—蘇門答臘の、
滿剌加—麻六甲
九真、—清化

大力
大尼—馬來半島巴大尼
丁機宜—丁加奴 馬來半島の、
淡港—蘇門答臘
撣國—緬甸
舊港—三佛齊 巴鄰旁 蘇門答臘

木骨都束　非洲索馬利亞岸
浡淋邦
霹靂
阿魯
室利佛逝—三佛齊 蘇門答臘
吉蔑—真臘
赤土—暹羅南部
葉調—爪哇

僂薑—南印度科蘭國 Kollam III

班卒覓 蘇門答剌古國考 50頁

西卷—時代

崑崙層期—馬達加斯加

監篦—馬來半島

扶南—柬埔寨

句稚—克什角南西方代賊考 55頁

丹丹—單單 陳書自成陀洹蠻 壽昌星洲

闍婆達—爪哇の、蘇門答剌の、

子合、狼牙修、宋驕陵—十六事

驃國—緬甸

狼牙脩—馬來半島東岸

羅越—蘇門答剌

耶婆提—爪哇の、蘇門答臘の、婆羅同學

蒲甘 元朝記上 中國正西

叉心—河內

古笈 林邑上占城 瞿阿多林

彭坑—彭亨

丁機—丁闌

麻離拔—舊港

訶羅單、訶陵—爪哇

河中府—

急蘭丹 丁呵兒 那哈 來

宋元明時代

唐宋元史 203

通商史 206

馬八兒五頁

唐宋元時代中西通商史八十及八

唐宋元時代中[redacted]西通商史七の七五葉

蕃學

「要羅布印中國木綿布」

百事付

鄰涼大夫王氏妻任氏中之曲

[redacted]

宕利羌悟官——續曰——大隆

郎也戍

社和錄底

川邑田

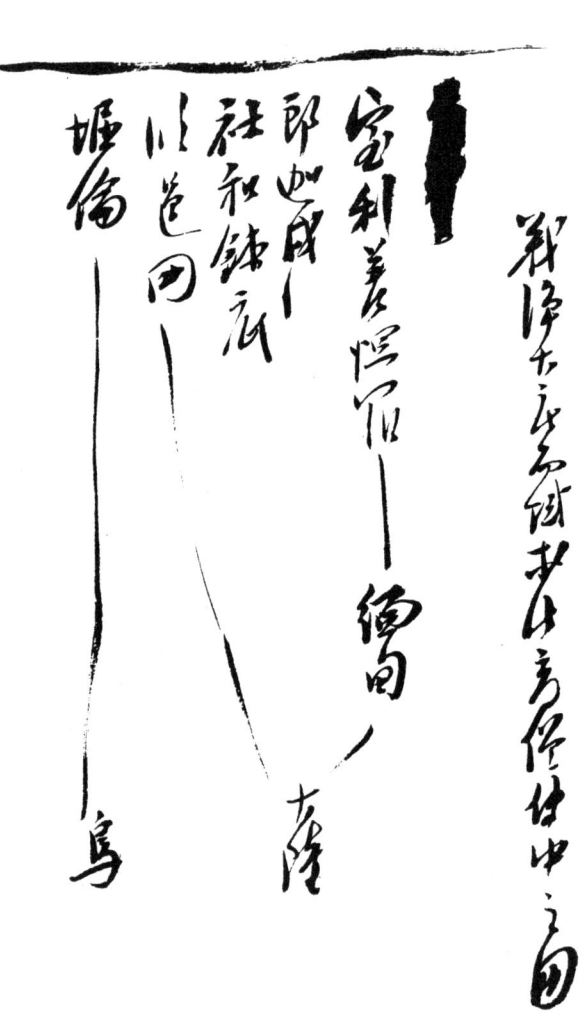

堀倫——烏

第二十五　西力之東漸及東方近代之變局

第六十六章　西力之東漸

第一節　總說

歐亞大陸之翼面實以葱嶺波謎羅為界宅居于此大陸之民族其歷史因之而分為東洋西洋之二部第一章已言之故大體雖分而其間相互之關係亦終不能免此所以東西洋歷史雖可分剖而仍非絕對的離之也自有史以來稱亞洲之民族侵入歐洲者極多如匈奴蒙古其最著者也而西洋民族侵入東洋者殊鮮亦有之則自近世始蓋亞洲中央高原地味殊瘠凡宅居瘠土之民族恆向沃土而試其侵掠既成為歷史上之公例而歐洲之地荒待開拓為此

印象尤多。以航海事業論，實遠非亞洲所及。故于當衛古隋雖突過之時代，歐洲之民恆爲亞洲所侵掠，而至近世則亞洲國民又多爲歐人所侵略也。

抑中亞入歐本有二道：一自西伯利亞經俄領中央亞細亞以入歐俄；一自印度經伊蘭高原過小亞細亞以入地中海。此二道地，然南一道自古以來沿綫之地即極繁盛，故在古代二洲之交涉已繁。而西伯利亞之地則窮荒苦寒，亘古即居民絶少，故鮮卑同居是土，旋即南遷（第九章第九節）。俄人雖如是，綿絡而西徙是也（第三十章第五節）。及近代，而世運之發達，日隆于南翔。于是歐俄哥地騾都。一時無兩，區之邦國，而西伯利亞之地遂不知爲所侵略矣。此亦西力東漸

之一原因也

第二节 现代之南洋

南洋群岛之地其民族之发达及其与中国之关系已见第二十章此等地方其与中国有关系不可谓不早矣以其孤悬海外故当是海外交通未甚发达之际卒莫能与邦邻之而其史实亦遂与世局无甚关系及近世而其形势乃一变则西人之东渐也

西人之东航始明中叶葡萄牙承乐之际已据国及其力以招陵四夷之时欧洲之南洋群岛及印度洋沿岸诸国朝贡于林据多据近今史家所称述其航路远达亚洲而境南达于非洲东岸为世界南方诸国对于殖民地最关之枢要也

明代之招諭異國。當推洪武[redacted]永樂二朝。次如鄭和。而其對于南洋之威加。則實自鄭和樹之。和以永樂三年奉使。造大船。帥海軍二萬七千。多齎金帛。自蘇州劉家港泛海。經福建以達占城。遍歷南洋諸國。宣示威德。其不服者。即以兵懾之。鄭和凡七奉使。三擒番長。明史于和之事迹。東鱗西爪。語焉不詳。于海外諸國。亦未能詳其道里方向。今以明史所載諸國之名。參以近世西史家之詮釋其今地如左。

呂宋　今同名

合貓里　在菲律賓群島中

美洛居　今摩鹿加

沙瑶　未詳

婆羅　今婆羅洲

麻葉甕　[redacted]今比利敦附近島嶼

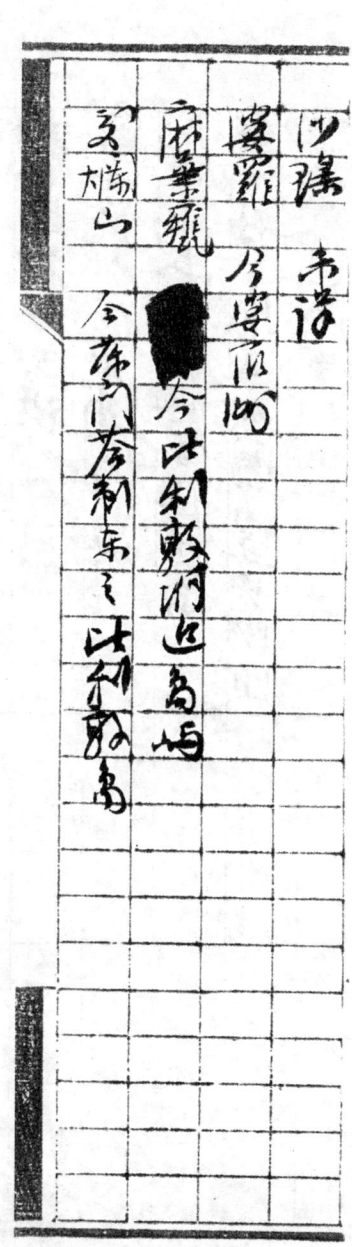

交欄山　今蘇門荅剌東之比利敦島

古麻剌朗　未詳

馮嘉施蘭　未詳

郎馬神　未詳

賓童龍　今柬埔寨之岬

爪哇　亦名闍婆　今爪哇島

蘇吉丹　爪哇屬國蓋在其附近

碟里　近爪哇

不

日羅夏治　近爪哇

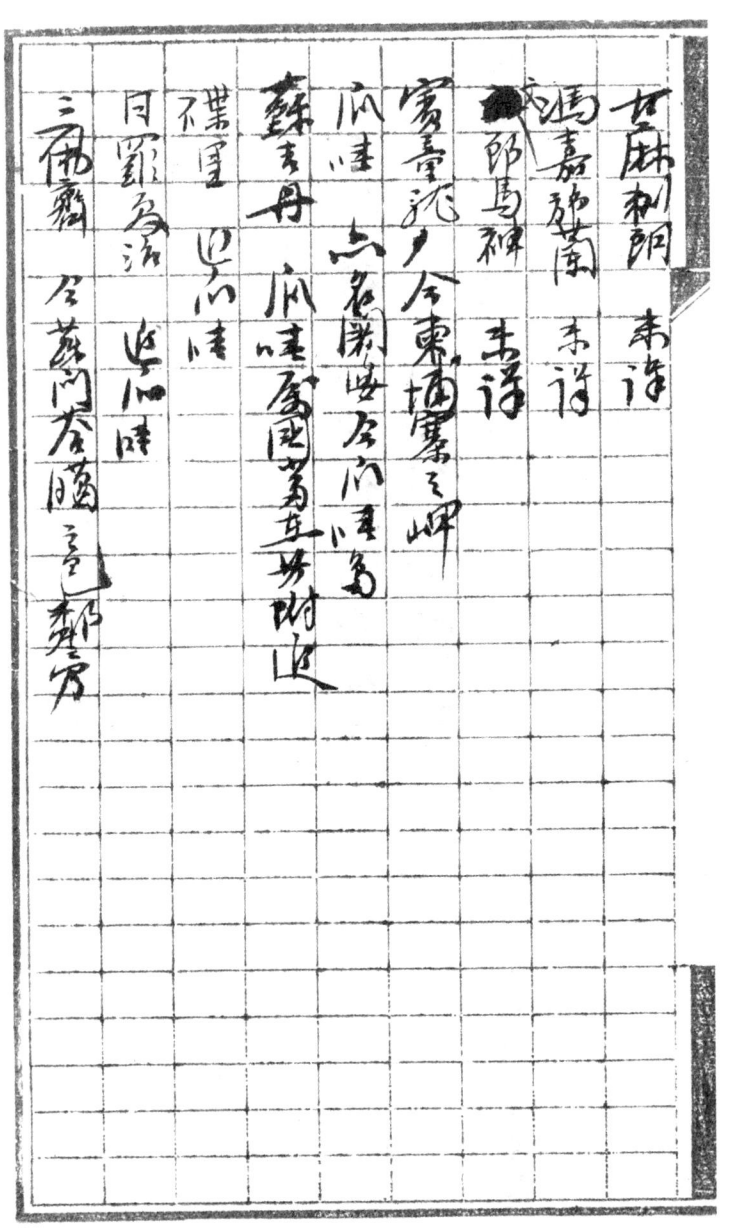

三佛齊　今蘇門答臘之巴鄰旁

三

浡泥　蘇門答臘西北境

滿剌加　今麻六甲

蘇門答臘以後改名亞齊　今蘇門答臘島亞齊西北境

須文達那　或云即蘇門答臘

蘇祿　今蘇祿島

西洋瑣里　未詳

瑣里　未詳

覽邦　未詳以下三國明史云在西南海中蓋亦今印度洋中島也

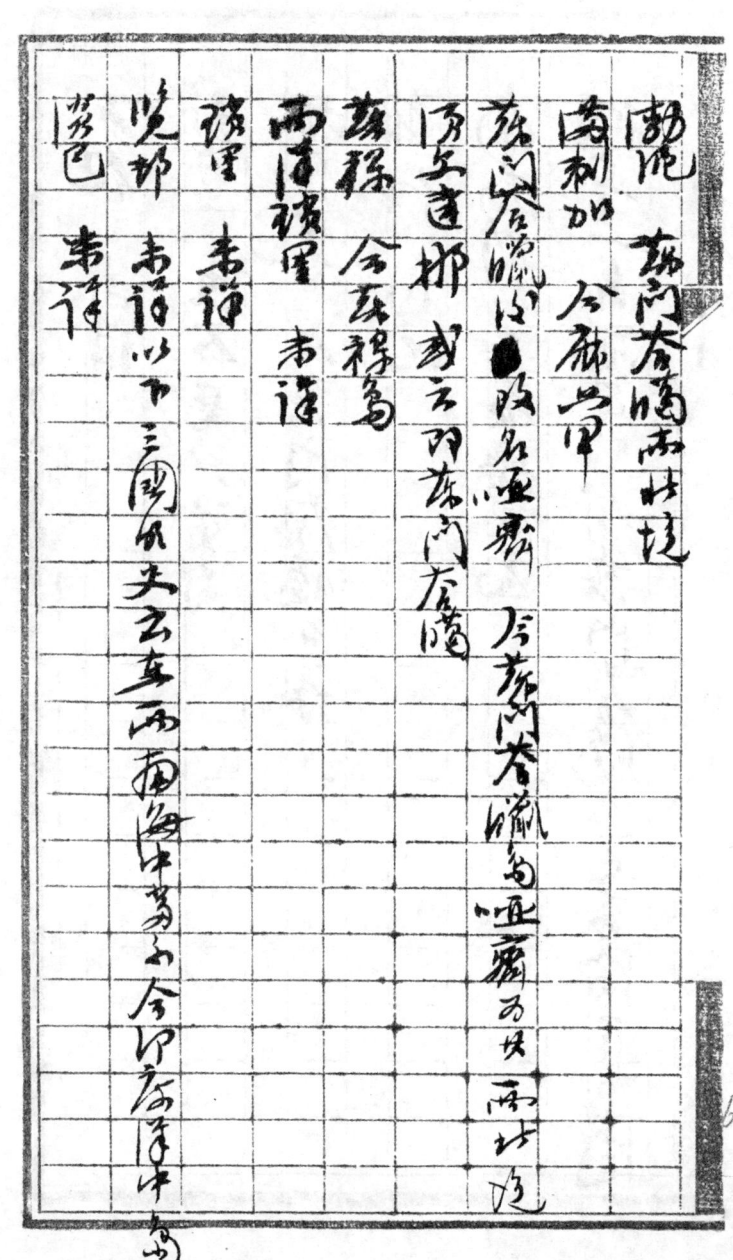

淡巴　未詳

有杞　未詳

彭亨　在今馬來半島

那孤兒　今蘇門答臘西境

黎代　同上

南巫里　在亞齊之西

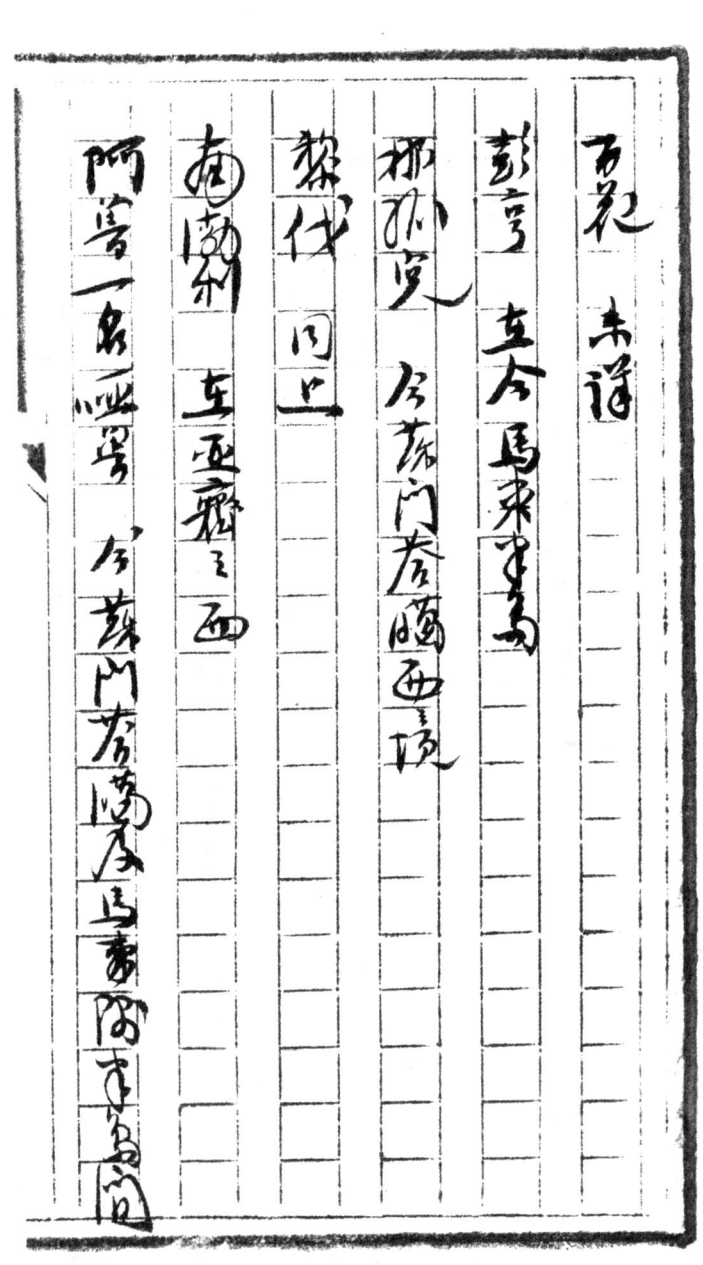

阿魯一名啞魯　今蘇門答臘及馬來兩半島間

之亞羅亞群島

垂佛　今馬索寧島南端

丁機宜　同上

巴喇西　未詳

古里　今印度之科利庫特爾

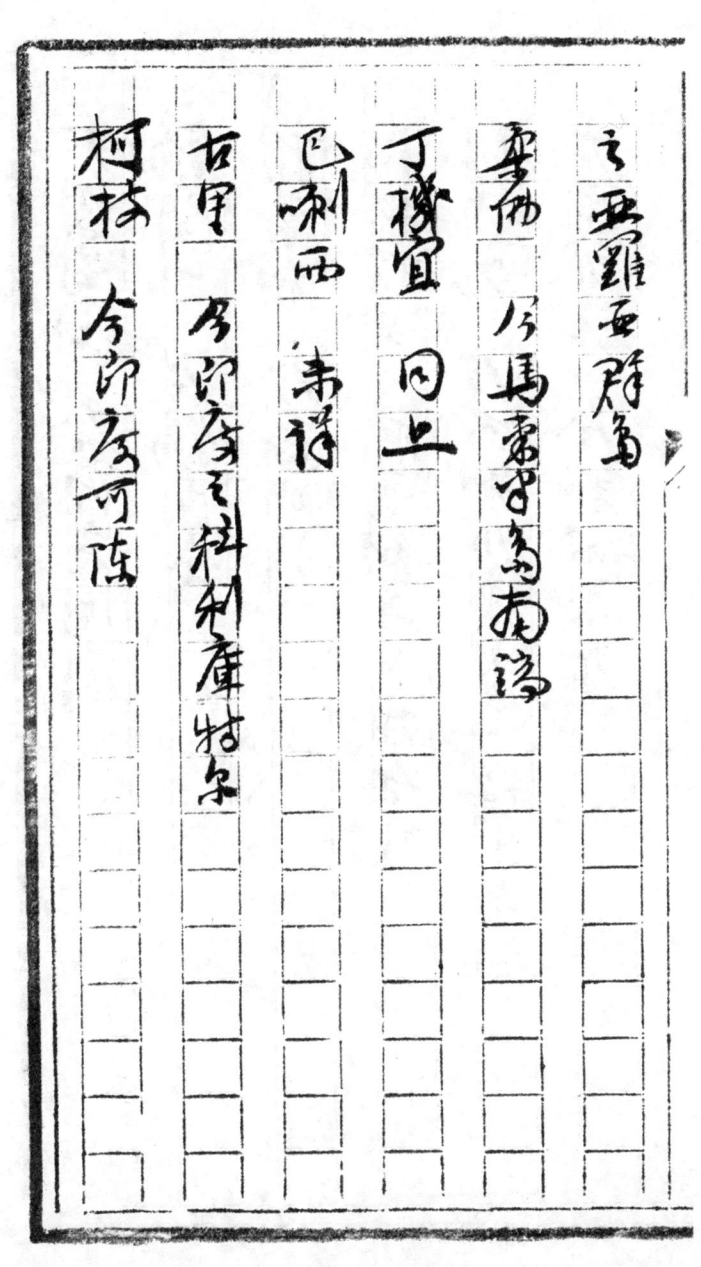

柯枝　今印度可陳

大小葛蘭　今印度固蘭
錫蘭山　今錫蘭島
榜葛剌　今孟加拉
沼納樸兒　今榜葛剌西中部省境
祖法兒　今阿剌伯半島之設里泉
木骨都束　今非洲東岸

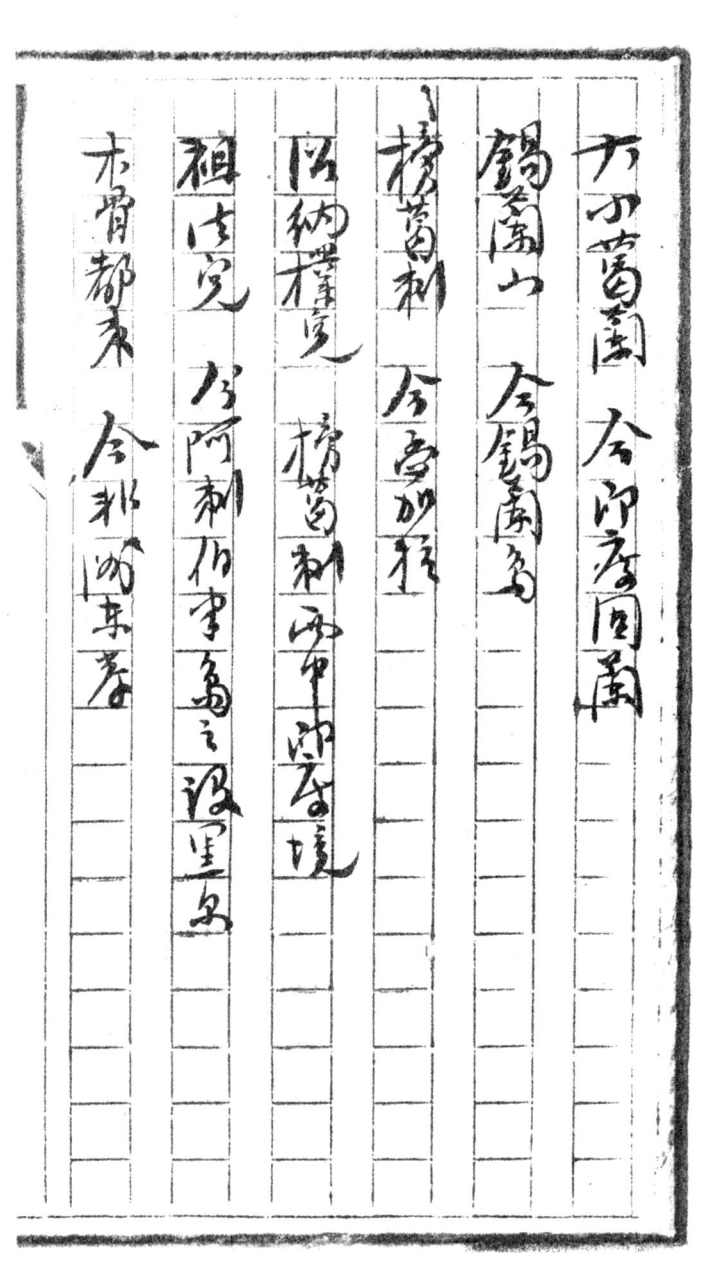

不剌溎 同上

竹芛 同上

阿冉 今迩丁

剌撒 今阿剌伯半島馬剌朵柱附近

麻林 未詳

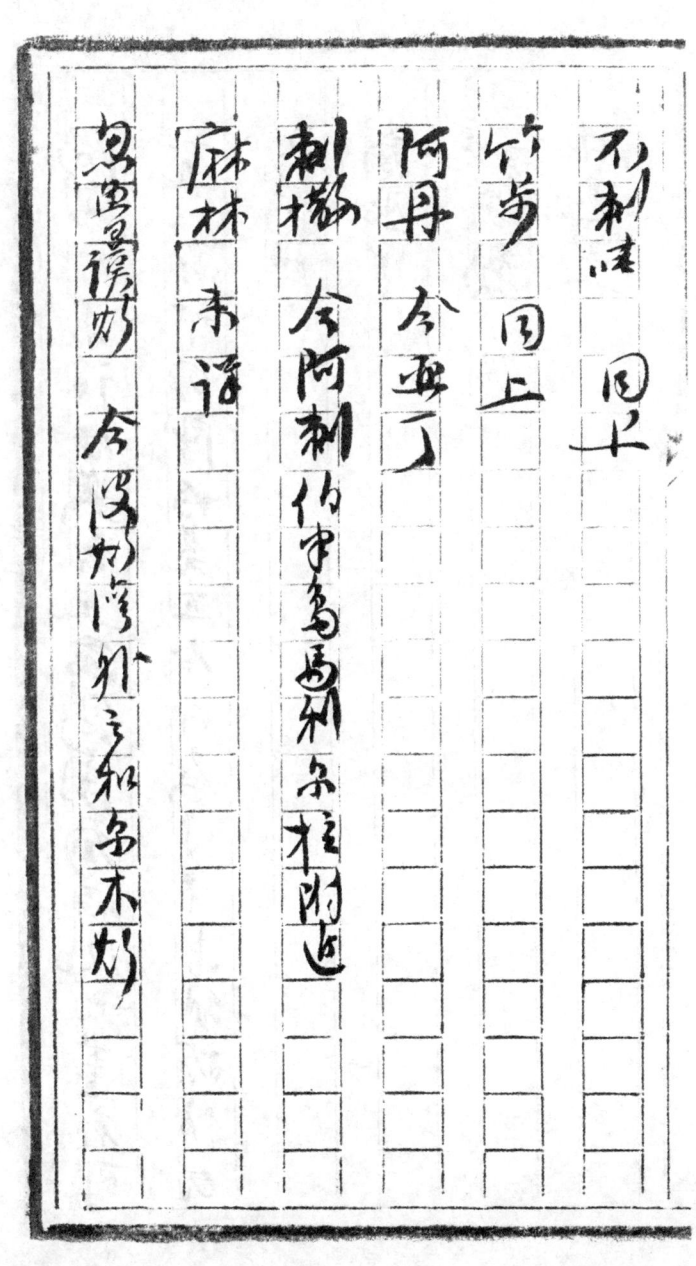

忽魯謨斯 今波斯灣外之和爾木斯

㴩山　未詳。沈叟云在國錫蘭南順風七晝夜可至。以下四國均當在今印度洋中，未能確指也。

今何地

南巫里

加異勒

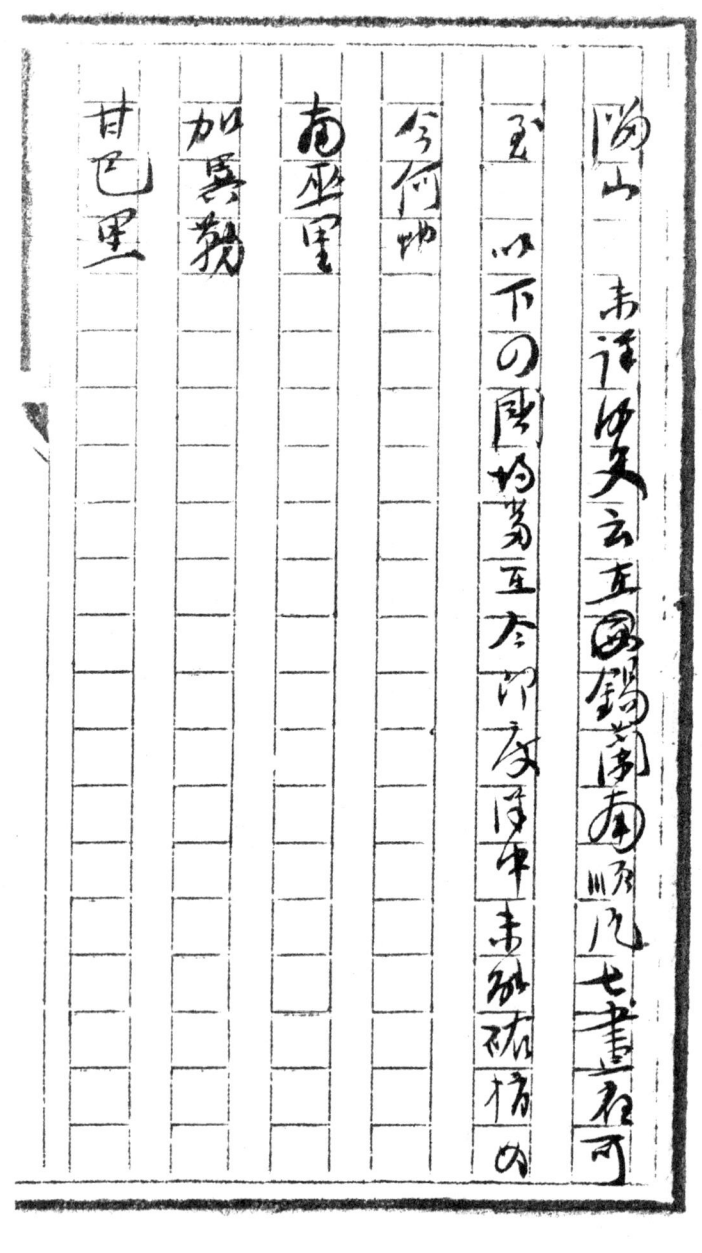

甘巴里

吉蘭丹　未詳

沙里灣泥　未詳

啟里　明史云即近所納樸兒哈將里

千里達　未詳

失剌比[illegible]　未詳

古里班卒　未詳

白里蒿君　邦上手

刺尼　未詳

巴黑葛達 [redacted] 報達

以上諸地。有多教派一道朔方。以爲通不到北。有朔方

總而言之，世界之間有極強盛國之所在。此要之狀

東西。不通遂隔。東方稱。一如蒙代以事表中國之稱之

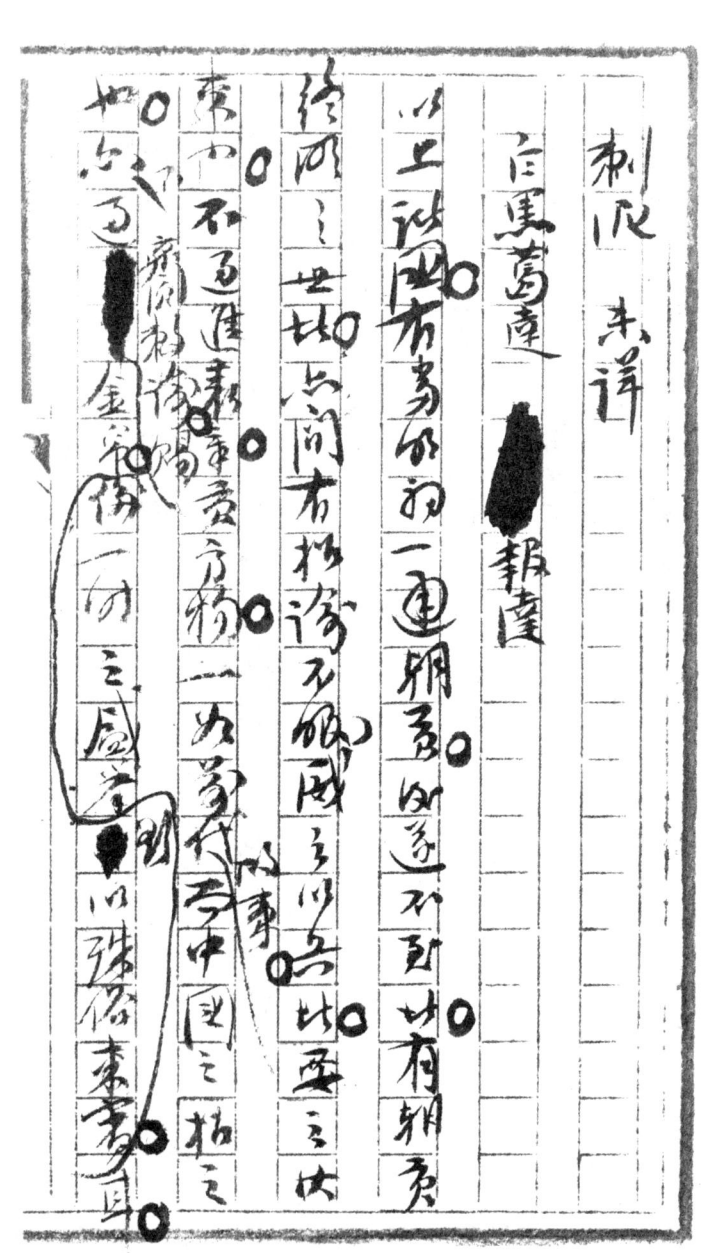

如今之通 [redacted] 金帳汗一國之盛 [redacted] 到以殊俗東歐耳。齊俄稱俄羅

廣東藝崇示中[redacted]中國之商民通商[redacted]于西洋隅
蜀中[redacted]情[redacted]英文歷年確實之記載而其詳無
抱真緣姓[redacted]勤業于海外諸國有其人至今史冊載
別有[redacted]名宋主濟和五其地直且陵之西南阪[redacted]其五
數万人往々來居而西班牙佛郎機陳書來國
其主當遣一舟來搗華人而參政遣議攻焚殺
其假冒者三十一年方歷邊小凡崇郵康熙象勝復美
海居復華人二百五十四[redacted]精有灌和五件为其

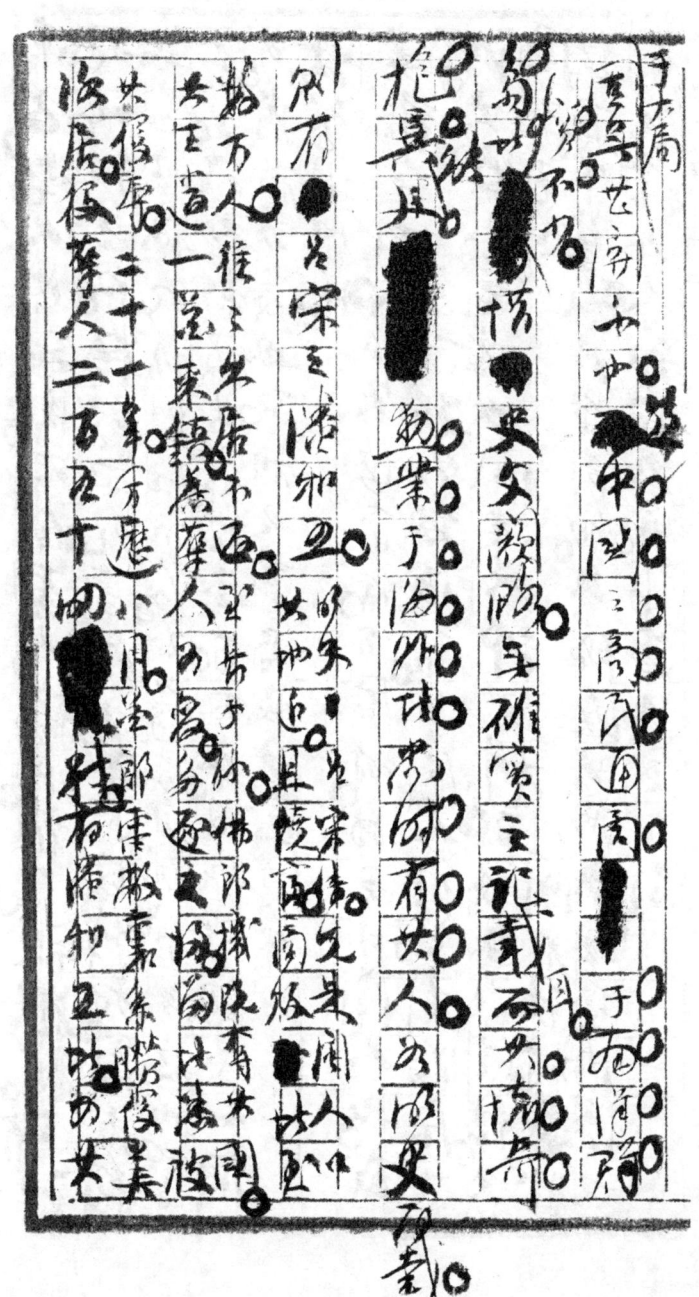

有宿。空人日甜國，而令葬人。採丹。精氣。飄搖。有云

死以尚。如日。殺死。葉死。葉死了。長以耳戰死。蜀養殺

必爲以板死。勝則相恨。不勝而見傳。兒未曉也。家

逝之。乃衣刺殺女葉。指前。下平。世界起。不知所

以其被分夜以死。相丈葉尽。役女金。濱甲

枝。加以舟以船。以兵。婆加傳。方民皆也。五林間人也。武

突羅之法人。言鄭和使婆。而官舟人從之。國為后女

地。女兵人。竟。播女以來汝節之村。由生人妻。得女

國而主之。國有林村。蔽殺

債商中葉。洪寒奇那。[illegible]轄處。女地。[illegible]璘賞。女

村。主席。東人。郭樂加年。日。返伏。一更。前。攸。

三佛齊之果通以陳祖義以史三佛齊爲爪哇破三佛齊攫其國也
國中大亂爪哇亦不能盡有其地華人
流寓者往往起而據之有梁道明者廣州南海縣人久居其國閩
粵軍民泛海從之者數千家推道明爲首雄視一方又舊港頭目
陳祖義廣東人然[redacted]而其口碑相傳至近人始著之紀載其後又有
戴燕國王吳元盛嘉應人戴燕在婆羅洲乾隆末和王與昆甸國王
土人殺破之王至馬事弑無陵
羅大[redacted]嘉應人昆甸亦在婆羅洲永嘉廣王
土字殺破之王至事位身斃王馬柔佛之華東十の年嘉慶
英人始以資辦新嘉坡一港于柔佛華人以采錫之利相競爭
檳葉于新嘉坡檳榔嶼一帶與土人有衝突嘉慶末柔佛王下
今巫葉人嘉應華氏亞柔佛三萬人有衛突之嘉慶末柔佛王下
城葉氏華族華人居廣海勘殘議與之推其族名求其
之容其地從至八年亦柔佛之地所已與檳榔嶼佛邑
地後與土字衛突來後援助之三年而亦其據所得若檳榔邑華
城與英人通商口岸不相屬也而英有政府爲其領之所以國若吾計
潛蓄者知不可敵謹領土主權于英而自後其土地所有權遂
今葉氏猶爲沙刺之有司治末粵人有至沙刺斑國民政府之
彼中望族之嘉應人隴鎮署廿廿沙王阻之先備之年吉粵

人与我，尤勝之。信其王。王勤其姓名不可移，亦嘉應人，如仰烈作自主部落，乃其黄人遂置吏書，既乃奪其故地，又以其部勒我華人，華人出力為多。以上均據近人所著中國殖民八大偉人傳。俱以一身羈旅絕域而收其羣，率同國人族以禦外侮，或戢和，安夷為所推戴。我民族自植之能力可以見矣。

猓玀

晉南

東晉

晉南

百弟郵侍

百弟侍。郵傳一里設一小樓，數人守之，以事雖千里遠報在須刻。

百夷

百夷傳其下稱思倫發曰昭，猶中國稱君主也。

勉案：又「昭録領萬餘人，昭綱領千餘人，昭伯領百人，領一伍者爲昭哈斯，領一什者爲昭准」，皆即詔也。

「無中國文字，小事刻竹木，大事作緬書，皆旁行爲記」

「其首皆髡，脛皆黥，不髡者殺之，不黥者衆叱笑，比之婦人」

百夷

（百夷傳）百夷在雲南西南數千里其地方萬里景東在其東西天古剌在其西八百媳婦在其南吐蕃在其北東南則車里西南則緬國東北則哀牢今之金齒衛西北則西番回紇俗有大百夷小百夷漂人古

乜

剌哈剌緬人結些吟杜怒人蒲蠻阿昌等名故曰百夷

車里

「車里人皆以白布束其頭刺額上爲蕃髮狀如頭陀」百夷傳

哈剌

「哈剌男女顏黑」又

古剌

「男女色甚黑」又

野人

「用靛深黥其額顱及口邊刺十字十餘」又

結些

從耳尖連頰皮穿破以象牙爲大圈橫貫之

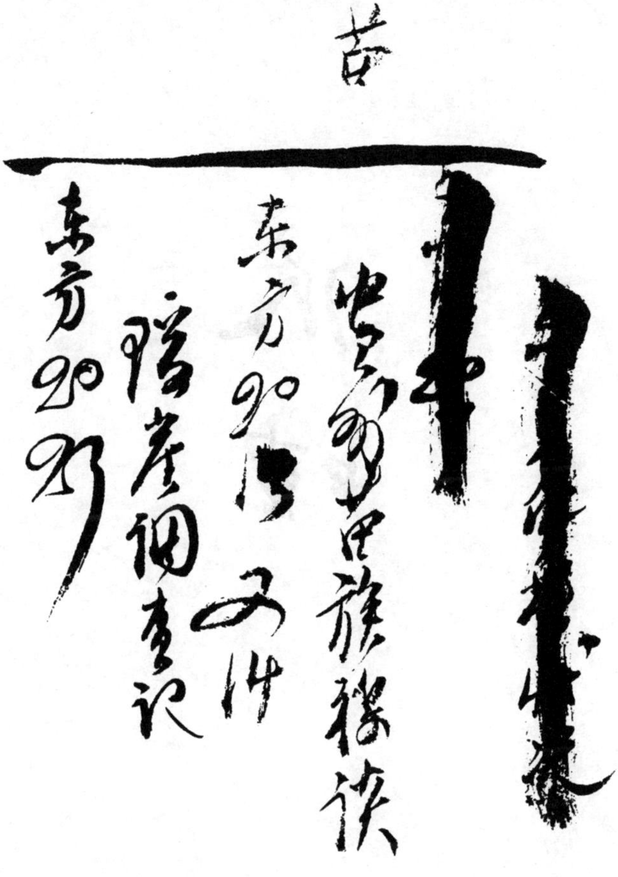

爪哇

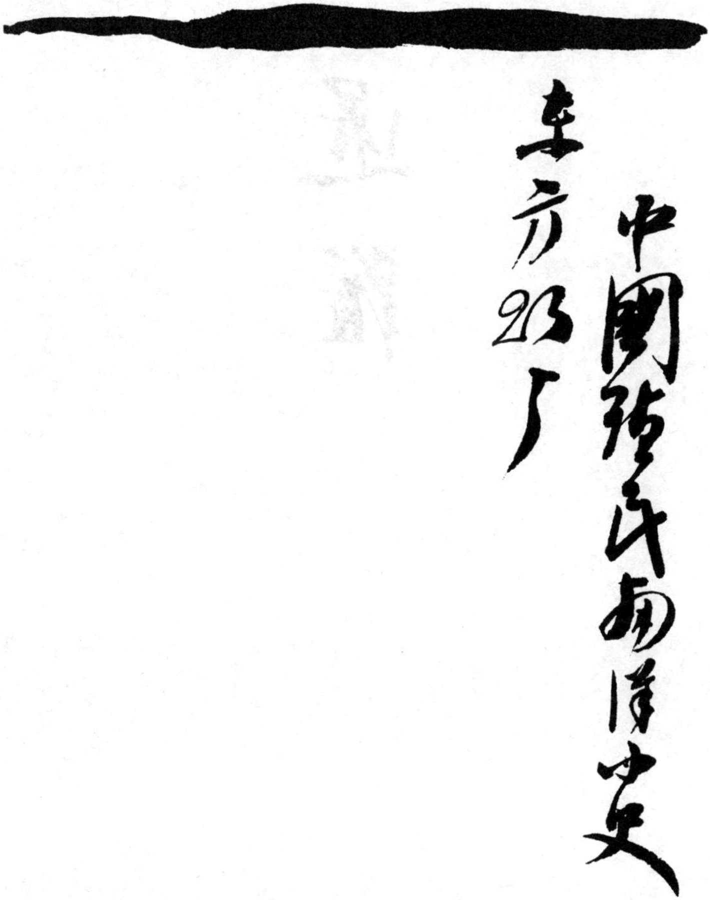

暹羅

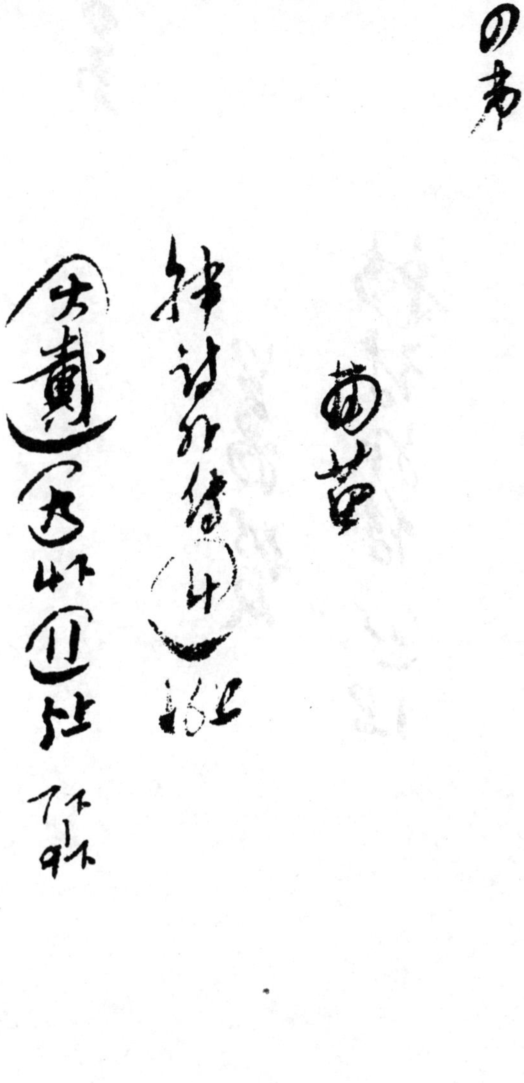

男

萬發

轉討外傳以上

民族史十四章

苗自稱 Mhu 一字

宋時黄横猫 讀 Moiao

天下郡國利病書 104

自苗生理不齊于家 城西黄樓

（論種調查報）但鞑古代学族今印度支那

諸民族 詳陳印度支那諸族於與中國西南

方民族關係

周人重農社的

我國蔡小樂子呂的一

四裔（南）一　札五

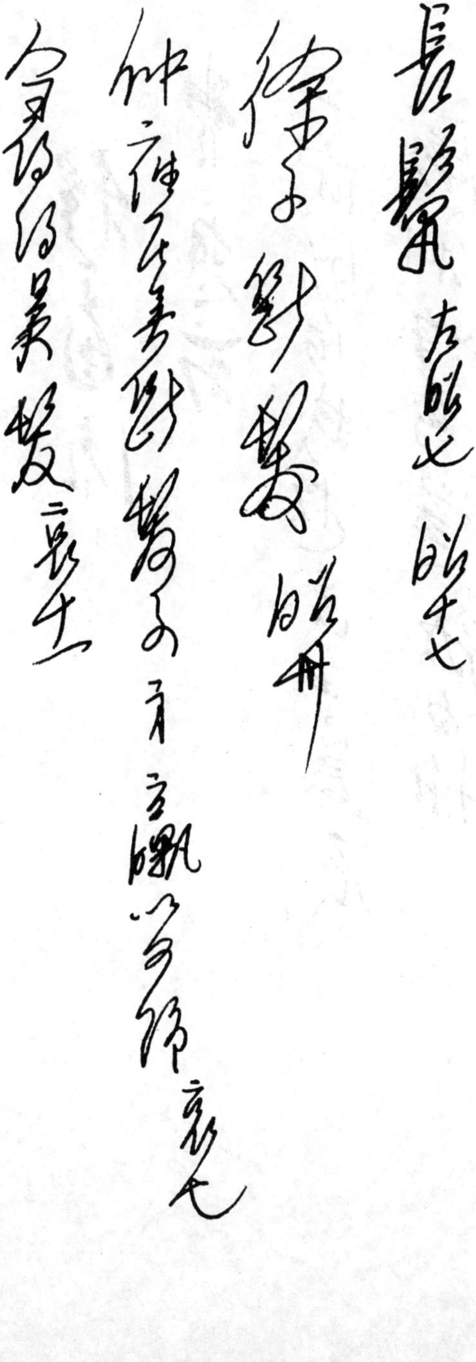

（[illegible]）

穆天子傳

樹之[illegible]之邦

天下間昭王成穆遺書（土之[illegible]底）

之廢利樸何如（錄）傳自樾

（可又見趙十一卷之鈔書）

民族

有尾之人

蘭州航訊、崑崙山之託古茲達取、即冷嶺之北、若羌之南、有世界之處女地、是地約五百平方里、天然環境、峯連軸接、綿綿不斷、密林參天、藤葛匝地而雪山綿互、故其地之廣、生物之種類、雖地理專家、亦無詳確之報告、往者若羌本爲由燉煌至天山南路之要道、巴噶爾亦係由於闖赴藏之捷徑、自前湮沒、後道亦折毀於叢禍祥、人跡遂絕、初以爲此中乃禽獸世界、杳無人烟、不圖七八年前、有某纏婦、與其夫口角、負氣入山、逃途不得歸、邂逅一野人、挾之至其居、歷數年始逃出、言之鑿鑿、然以爲誕言也、前歲、山洪暴發、自山中冲下數屍、居民驗其衣著、果如婦所言、始稍異之、旋驗其屍、則皆茸茸然有尾、長可四五寸、莫不驚怪、至是、方悉該地確有居民、後其事傳至古麻扎、有青年探險家默拉納等數人、務欲前往一探究竟、乃於客歲夏、裹糧携械入山、行三日、遙見炊烟、起自林中、隱約有鷄犬之聲、覓途而往、林盡、豁然開朗、則見平原漠漠、湖沼湛然、沿湖土方槑槑、一大閭閻也、比近、野人以爲寇也、鳴扎告警、一時握藤牌挺矛來鬭者、百十餘人、默拉納等伏地舉手示無他、野人圍之、語言習尚纏回、重聲慢語、雙方竟能達意、乃獲導至酋長家、屠羊爲宴、召頭目十餘人來會、視其衣、係以野紵織成、上加天鵝毛之裘、詢以生活狀況、則以獵牧對、固尚未知耕種也、而宗教信仰、於彼輩亦甚淡漠、幾不知奉經爲何事、又言其地人民、類多有尾、以無者爲貴、有而斷之者次之、其次、賤民也、故給事之徒、多髾部隆隆、翹然而起、至頭以上、則猶人也、政治制度、據酋長云、渠部僅係該有尾國之一小部落、其上有王、編蘆爲城、擁衆數萬、爲百王之王、其家有雪種蓮花數缽、芳香襲人、即爲王所賜云、默拉納等留六日、教酋長釀酒吸烟之法以爲酬、酋長大喜、臨行、贈以乾脯、親送數十里、殷殷指路而別、於是、此東方秘密國、遂傳遍天山南北路矣、（二月十八日）

廿三・二・廿三 申

晉

宗教

乾隆四年校刊

史記卷三十九 晉 世家

敗不亦當乎遂去更令梁繇靡御（正義：韋昭云梁繇靡大夫也）虢射爲右輅秦繆公（集解：服虔曰輅迎也）（索隱：音五稼反鄒誕音或額反）繆公壯士冒敗晉軍晉軍敗遂失秦繆公反獲晉公以歸秦將以祀上帝晉君姊爲繆公夫人衰絰涕泣公曰得晉侯將以爲樂今乃如此且吾聞箕子見唐叔之初封曰其後必當大矣晉庸可滅乎乃與晉侯盟王城（集解：杜預曰馮翊臨晉縣東有王城）而許之歸晉侯亦使

二十八

卜筮

南人服掌卜之人

緇衣子曰南人有言曰人而無恆不可以為卜筮古之遺言與龜筮猶不能知也而況於人乎（注恒常也不可為以筮卜之卦兆不能見其情定其吉凶也）詩云我龜既厭不我告猶（注猶道也言褻而用之龜厭之不告以吉凶之道也）疏……南人服掌卜之人

鄭案此疏當本——鄭注論語

苗

〔野雀苗　自来子種此

苗稠穢　出於何國亦不知來此

稀蕨　烏芥

絕

衣服

青苗

葱薑

白菌

〔望芥——出於南洋一帶（来自江南）

熊爪　蕃薯　似芋薯

海南
湖南西方
四川西南
雲南西部 廣西 貴州 —— 苗嶺

（苗族）Mhong

（印度 [illegible] 緬甸 [illegible] [illegible]）

雲南[illegible]帶 四川 貴州 雲南

苗 —— 三苗之後裔 —— [illegible]

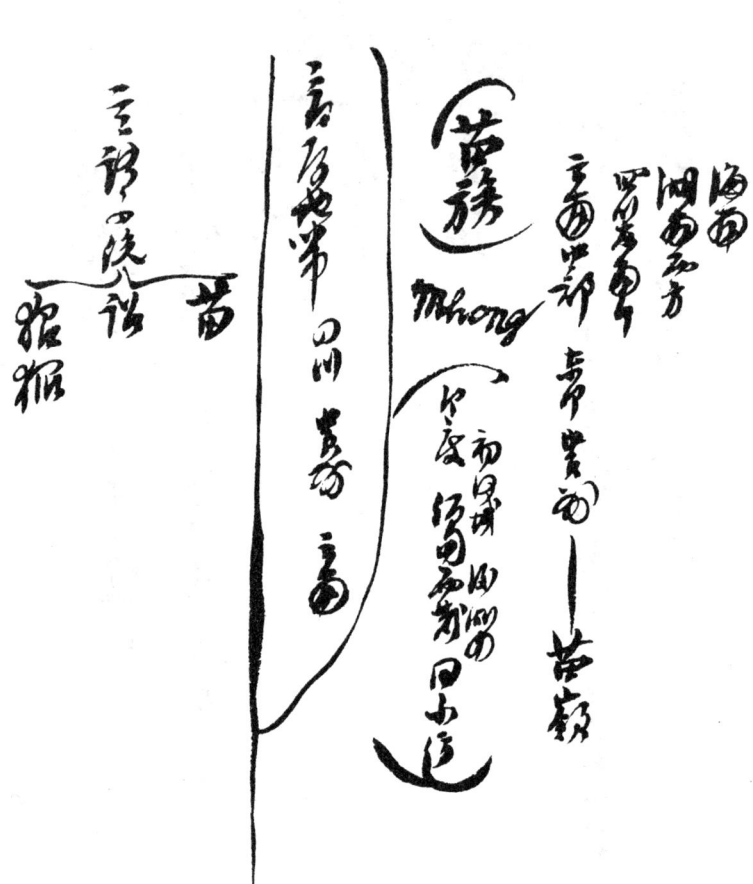

南海張廣長發此紀聞　繇之備舊學兵戢之言自卯年
誌生涯遊北東南轉而之記合通而發程南日出戢自是安航
海而東入山南與物如紀生長于洋遊而發程於風發程尾之民
閒其民象而開余尾之言之至
伍其族察時　則相如大程親于小海謂之往程洞如此自此而通萬里
出後其依紀而收其如謂紀何
祝以謝不盡之安云

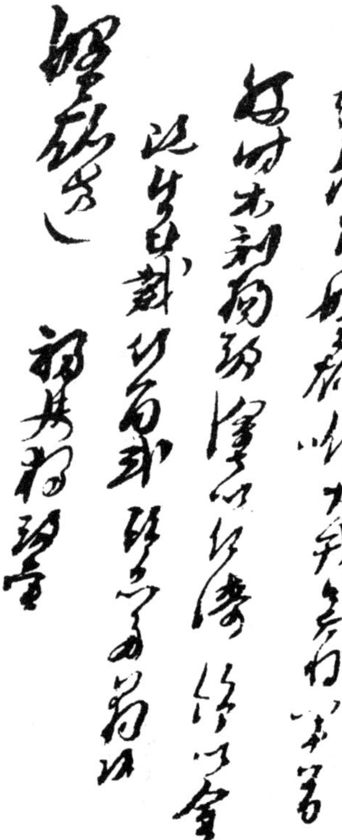

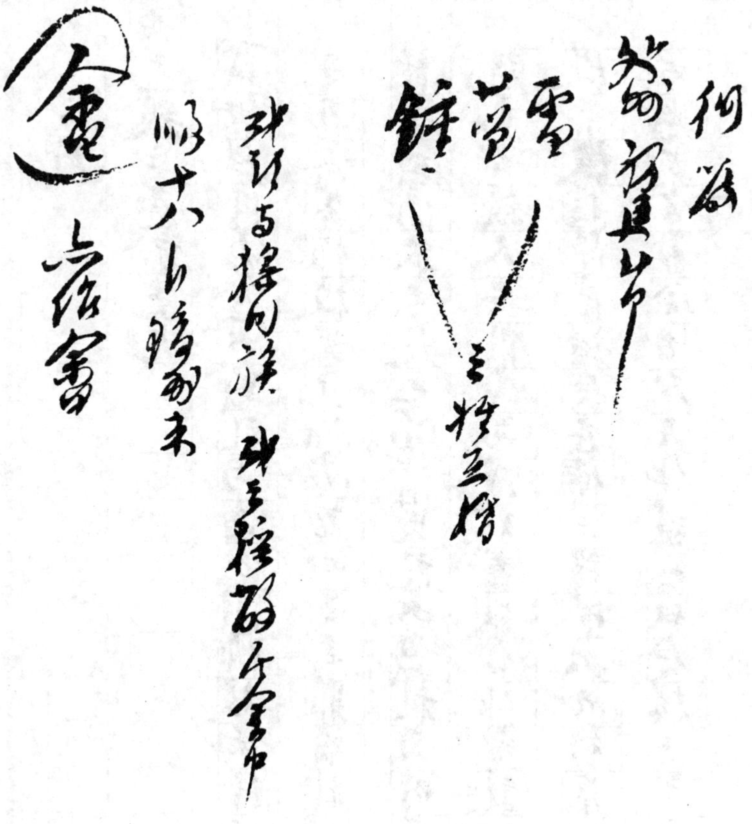

三苗

孟子殺三苗於三危

武億群經義證大戴禮与孟子同作殺檢諸經記虞书作竄莊子在宥篇作投史記作遷蓋四凶之罪皆非死刑鄭康成云其輕者或流放之是也竊謂史記大戴禮文皆有變西戎之言若既已云殺又安能變西戎邪蓋殺舊作𣱼說文𣱼䊥𣱼散之也從米[redacted]䊥聲臣鍇案左傳曰𣱼管叔而𣱼蔡叔言放散之者散米與竄字義合古本左傳𣱼蔡叔金樓子說苑引作殺蔡叔是

前五篇一節已見上文

二字易致傳脫彼析其沿已久矣漢書地理志注師古曰三苗本有苗民之族徙居於此分而爲三故言三苗是將放若散米之義以其頑而難遷聚則易於爛亂也

[illegible]

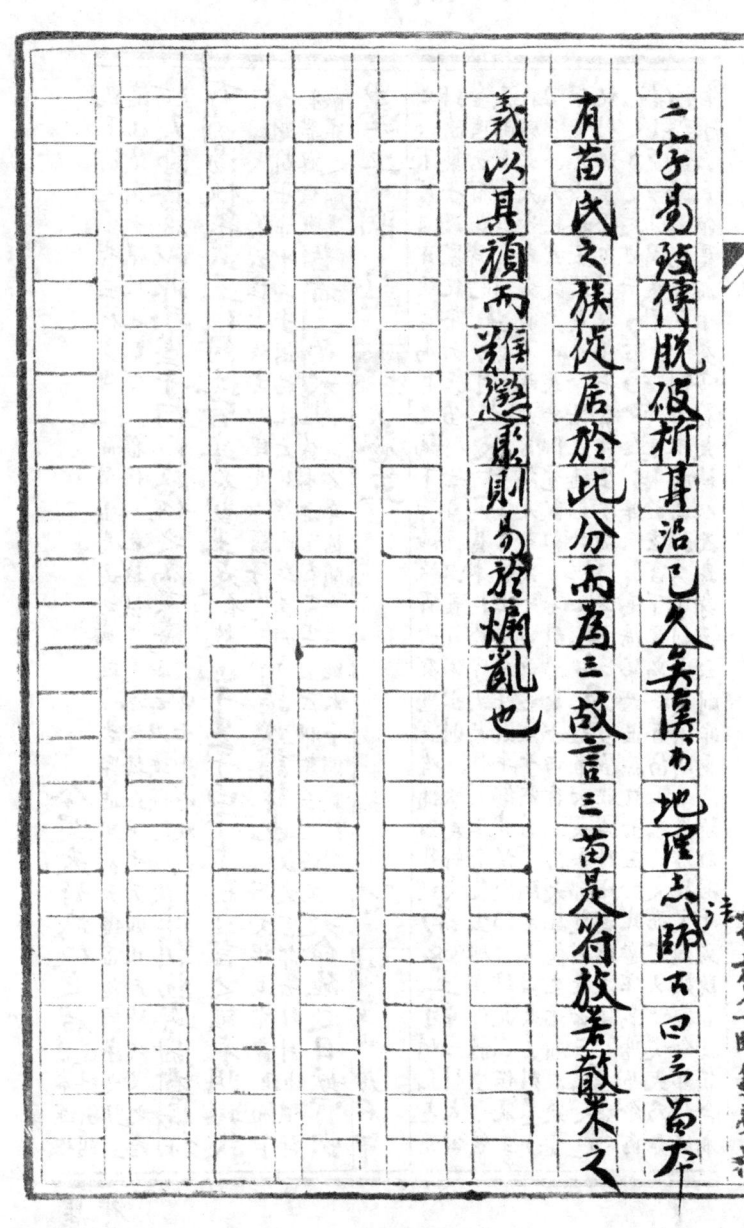

商の

今遝夫好攻伐之君舊本遝作還洪云明鬼下篇逮至昔三代文與此同還當是遝之譌遝逮古字通用戴云還當是儇字之誤王逸注楚詞云儇佞也則儇夫猶佞人也按洪說是也今據正下文云則且夫好攻伐之君可證又飾其說以非子墨子曰以攻伐之為不義畢云以攻伐之據後文當云子以攻伐非利物與昔者禹征有苗湯伐桀武王伐紂此皆立為聖王是何故也子墨子曰子未察吾言之類未明其故者也大取篇云辭以故生以理長以類行荀子非十二子篇楊注云類謂比類彼非所謂攻謂誅也依下文謂上亦當有所字說文言部云誅討也謂討有罪與攻戰無罪之國異昔者三苗大亂舊本者下有有字王云即者字之誤而衍者今據開元占經太平御覽引刪天命殛之日妖宵出

日妖不可通日疑當為有之譌下云婦妖宵出有鬼宵吟通鑑外紀引隨巢子汲冡紀年云三苗將亡日夜出晝日不出則疑妖是衍文雨血三朝開元占經三引太公金匱云有苗時天雨血沾衣龍生於廟犬哭乎市舊本挩於字又犬作大王云龍生廟當作龍生于廟方合上下句法太平御覽禮儀部十引此正作龍生於廟大哭乎市文義不明大當為犬犬哭乎市與龍生于廟對文開元占經犬占引墨子曰三苗大亂犬哭于市太平御覽獸部卜七引隨巢子曰昔三苗大亂龍生于廟犬哭于市皆其證按王校是也今據正通鑑外紀引隨巢子汲冡紀年云青龍生于廟夏冰地坼及泉畢云太平御覽引此云三苗欲滅時地震坼泉湧五穀變化民乃大振畢云同震高陽乃命玄宮畢云舜高陽第六世孫故云王云此當作高陽乃命禹於玄宮下文禹征有苗正承此文而言又下文天乃命湯於鑣宮與此文同一例今本脫禹於二字則文義不明詒讓按蓺文類聚符命部引隨巢子云天命夏禹于玄宮有大神人面鳥身云云則非高陽所命也此文疑有挩誤今本

墨子
非攻下

35

竹書紀年帝舜三十五年帝命夏后征有苗有苗氏來朝**禹親把天之瑞令**畢云把文選注引作抱說文云瑞以玉為信也詒讓按令文選東京賦李注引作命

說文手部云把握也**以征有苗四電誘祇**未詳疑當為雷電詩振雷壞字為田又誤為四詩誘振祇形並相近詩勃振震字通書無逸云治民祇懼史記魯世

家祇作震是其證也**有神人面鳥身若瑾以侍**人面鳥身之神即明鬼下篇秦穆公所見之句芒也若瑾以侍義不可通若瑾疑奉珪之誤若鐘鼎古文

作[illegible]奉篆文作[illegible]二形相似珪瑾亦形之誤儀禮覲禮記方明六玉云東方圭周禮大宗伯禮四方玉云東方以青圭白虎通義文質篇云珪位在東方是珪於方位屬東句芒亦

東方之神故奉珪猶國語晉語說西方之神蓐收執鉞矣或云瑾當作璜於形亦近但于四方之玉不合蓺文類聚符命部引隨巢子云有大神人面鳥身降而福之司祿益富而

國家寔司命益年而民不夭疑即指此事**搤矢有苗之祥**疑當作將將或通作摪與祥形近而譌玉篇手部云摪今作將同搤矢未詳**苗師大亂後**

乃遂幾道藏本後作后說文𢆶部云幾微也言三苗之後世遂衰微也**禹既已克有三苗**句**焉磨為山川別物上下**王云焉字

下屬為句焉猶於是也乃也下文湯焉敢奉率其眾武王焉襲湯之緒義並與此同又云磨字義不可通磨當為磿磿與歷通周官遂師注曰磿者適歷中山經歷石之山郭注或

作磿史記高祖功臣侯表磿簡侯程黑漢表作歷春申君傳濮磿之北新序善謀篇作歷樂毅傳故鼎反乎磿室燕策作歷歷之言離也大戴五帝德篇曰歷離日月星辰是歷與

離同義淮南精神篇曰別為陰陽離為八極然則磿為山川亦謂離為山川也離與磿皆分別之義故曰磿為山川別物上下世人多見磨少見磿故書傳中磿字多譌作磨史記

及山海經注磿字今本皆譌作磨又逸周書世俘篇伐磿楚策遠自彙于磿山之中今本亦譌作磨顏氏家訓勉學篇曰太山羊肅讀世本容成造磿以磿為碓磨之磨則以磿為

磨自古已然矣**卿制大極**畢云說文云卿章也詒讓按疑當為鄉制四極鄉與卿形近四篆文作𦉭與大篆文亦近故互譌鄉即饗之省爾雅釋地云東至于泰遠西至

於邠國南至於濮鉛北至於祝栗謂之四極郭注云皆四方極遠之國**而神民不違天下乃靜則此禹之所以征有苗也**

第四

禹征有苗

墨子兼愛下

有苗

附墨子佚文

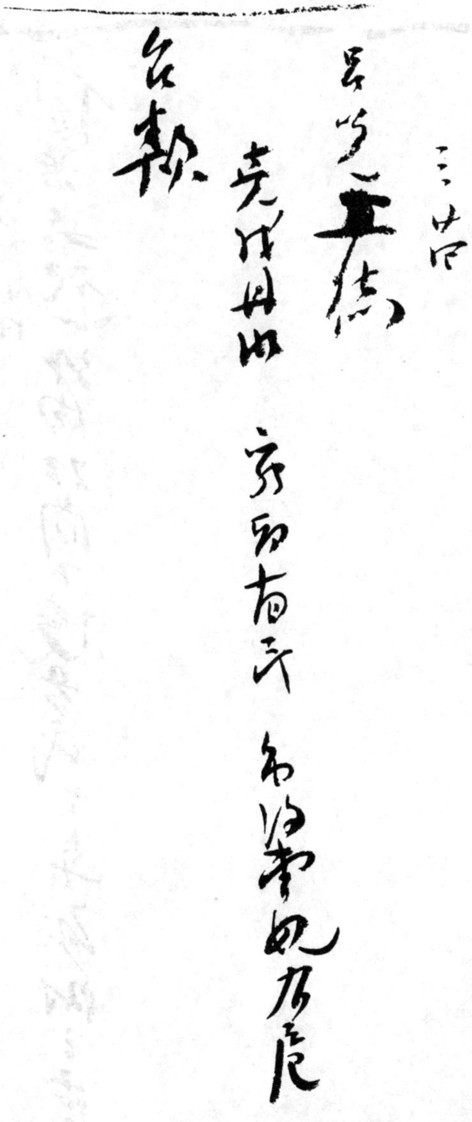

三廿日

吴少之王侯

堯從丹出　京師有民　為伯樂如乃尼

台歎

周書史記外內相閒下擾其民民無所附三苗以亡

二二小華

本の

宗光

出使日本欽差大臣經方大人……

〻〻苗在山西鄜州 安陵 棠山 〻〻 羽山

出路史國名紀〻〻 三苗在江西鄂州〻〻以為東南

三苗

又湖廣代為苗才子〻〻〻〻 雞山驩苗

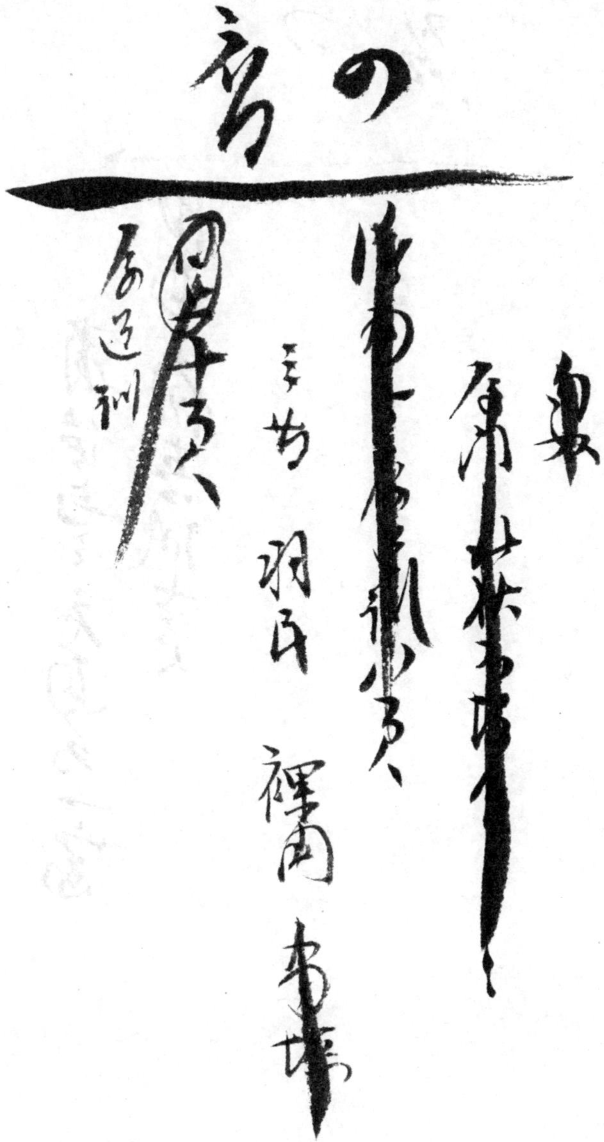

初

有苗與三危通爲一家

據西山經與孔書人

南川

韩琳说转苏

三黄有威缄

言之

我們以為此可以與北魏之盛衰迥異，此道不甚了了

當日三者之所以此可與其多信我不我而有唯

唐義疏釋其義也

此有何價值祈訓 勉秉以三者之殘狀頓首

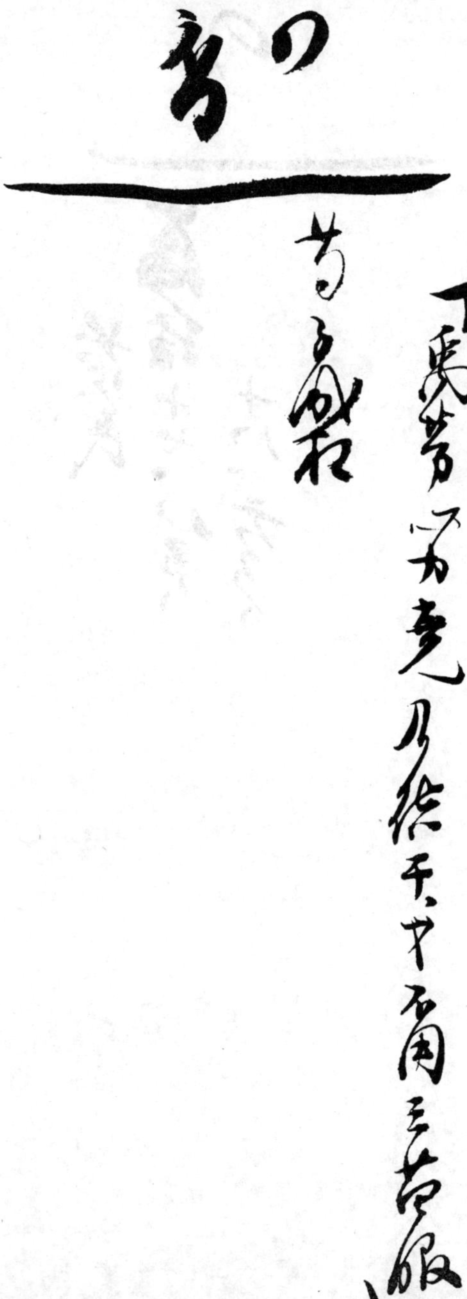

の一

若民

海經十七、八頁

十八、六頁

の

艦艇殘戮至若年以美女妻之淳一平海

中西荷村團

小海港十二、一万人

餘之苗裔讙頭國

三苗國 高注[illegible]云國名 脩務訓 三苗族苗裔 史記 五帝本紀

の一 山海經六、二葉 三葉

齋の

采芑年翁來函乃翁年々諭

凡諸君扇請從小字

刁唐

劉人寬錢人識

潛研子人同卷十八二頁

陸渾　星遷　共朝　梁丘

崇山　三危　出羽　羽山

三苗　有獲

存稿卷五一第二頁

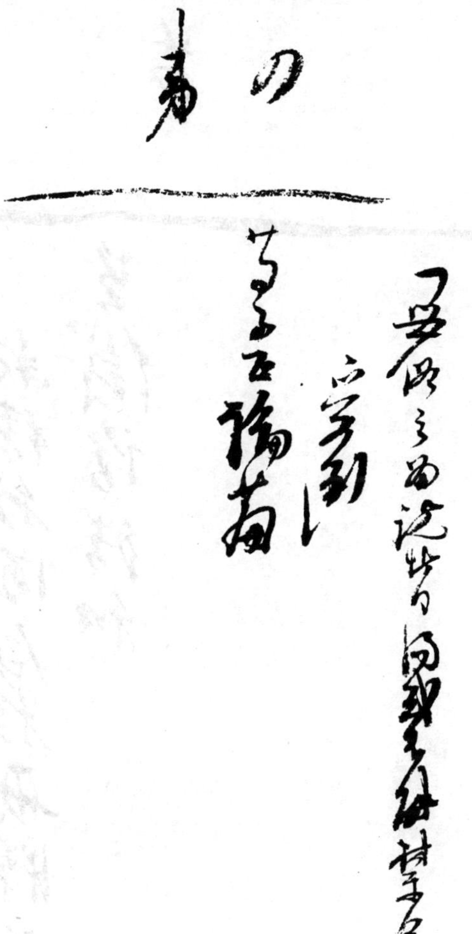

黃

軒轅戰涿鹿殺兩皞蚩尤為炎帝

蚩尤諸結和

南

[illegible]

說苑君道 日南獻白[illegible]
于此為信 以越裳氏重譯而[illegible]
增職諸之功

黃

學術機關篇

一云蔡邕傳之或言爲學無國

四裔

物士禹謨し　禹征有苗

帝曰咨禹惟時有苗弗率汝徂征三苗之民數干王誅率循徂往也不循帝道言亂逆命禹討之○數音朔禹乃會羣后誓于師曰濟濟有衆咸聽朕命會諸侯共伐有苗軍旅曰誓濟濟衆盛之貌○濟子禮反蠢茲有苗昏迷不恭蠢動昏闇也言其所以宜討之○蠢春允反侮慢自賢反道敗德狎侮先王輕慢典教反正道敗德義○侮亡甫反慢亡諫反君子在野小人在位廢仁賢任姦佞民棄不保天降之咎言民叛天災之○咎其九反肆予以爾衆士奉辭罰罪肆故也辭謂不恭罪謂侮慢以下事爾尚一乃心力其克有勳尚庶幾一汝心力以從我命

疏帝曰咨至有勳○正義曰史言禹雖攝位帝尊如故時有苗國不順帝曰咨嗟汝禹惟時有苗之國不循帝道汝往征之禹得帝命乃會羣臣諸侯告誓於衆曰濟濟美盛之有衆皆聽從我命今蠢蠢然動而不遜者是此有苗之君昏闇迷惑不恭敬王命侮慢衆常自以爲賢反戾正道敗壞德義君子在野小人在位由此民棄叛之不保其有衆上天降之殃咎故我以爾衆士奉此譴責之辭伐彼有罪之國汝等庶幾同心盡力以從我命其必能有大功勳不可懈惰○傳三苗至討之○正義曰呂刑稱苗民作五虐之刑皇帝遏絶苗民無世在下謂堯初誅三苗舜典云竄三苗于三危謂舜居攝之時投竄之也舜典又云庶績咸熙分北三苗謂舜即位之後往徙三苗也今復不率命命禹徂征是三苗之民數干王誅之事禹率衆征之猶尚逆命即三苗是諸侯之君而謂之民者以其頑愚號之爲民呂刑云苗民弗用靈是謂爲民也呂刑稱堯誅三苗云無世在下而得有苗國歷代常存者無世在下謂誅叙者絶後世耳蓋不滅其國又立其近親紹其先祖鯀既殛死於羽山禹乃代爲崇伯三苗亦竄其身而存其國故舜時有被宥者復不從化更分北流之下傳云三苗之國左洞庭右彭蠡其國在南方蓋分北之時使爲南國君今復不率帝道率循徂往皆釋詁文不循帝道言其亂逆以其亂逆故命禹討之案舜典皆言舜受終之後萬事皆舜主之舜自遜守不稟堯命此言若帝之初其事亦應同矣而此言命禹征苗舜復陟方乃死與舜受堯禪事不同者以題曰虞書即舜史所錄明其詳於舜事略於堯禹也○傳會諸至之貌○正義曰軍衆曰誓曲禮文也隱八年穀梁傳曰誥誓不及五帝盟詛不及

三王交質不及二伯二伯謂齊桓公晉文公也不及者言於時未有也據此文五帝之世有誓周禮立司盟之官三王之世有盟也左傳云平王與鄭交質二伯之前有質也穀梁傳漢初始作不見經文妄言之耳美軍衆而言濟濟知是衆盛之貌○傳蠢動至討之○正義曰蠢動釋詁文釋訓云蠢不遜也郭璞云蠢動爲惡不謙遜也日入爲昏是爲闇也動爲惡而闇於事言其所以宜討之○傳狎侮至德義○正義曰侮謂輕人身慢謂忽言語故爲狎侮先王輕慢典教侮慢義

同因有二字而分釋之論語云狎大人侮聖人之言則狎侮爲異旅獒云狎侮君子則狎侮意亦同鄭玄云狎慣
見而忽之是侮之義傳取狎侮連言之慢先王典敎自謂已賢不知先王訓敎道者物所由之路德謂自得於心反正道
從邪徑敗德義毁正行也○傳廢仁賢任姦佞○正義曰雖則下愚之君皆云好賢疾佞非知賢而廢之知佞而任之但
愚人所好必同於民賢求其心佞從其欲以賢爲惡謂佞爲善故仁賢見廢姦佞被任此則民逆之狀也○傳肆故至下
事○正義曰肆故釋詁文所奉之辭即所伐之罪但天子責其不恭數其身罪因其
文異而分之○傳尚庶至我命○正義曰釋言云庶幾尚也反以相解故尚爲庶幾三旬苗民逆命旬十日也以師臨之一月
不服責舜不先有文誥之命威讓之辭而便憚之以威脅之以
兵所以生辭○誥古報反憚徒旦反一音丹末反脅許業反益贊于禹曰惟德動天無遠弗居贊佐居至也益以此
義佐禹欲其修德
致遠○屆音戒滿招損謙受益時乃天道自滿者人損之自謙者
人益之是天之常道帝初于歷山往于田日號泣于
旻天于父母仁覆愍下謂之旻天言舜初耕于歷山之時爲父母所疾日號泣于旻
天及父母克已自責不責於人○田本或作畋號戶高反旻武巾反負罪引慝祗載見瞽
瞍夔夔齋慄瞽亦允若慝惡載事也夔夔悚懼之貌言舜負罪引惡敬以事見于父悚懼齋莊父亦信順之言
能以至誠感頑父○慝他則反見賢遍反瞽音古瞍素后反夔求龜反齋側皆反
至諴感神矧茲有苗諴和矧況也至和感神況有苗乎言
易感○諴音咸矧失忍反易以豉反禹拜昌言曰俞班師振旅昌當也以益言爲
當故拜受而然之
遂還師兵入曰振旅言整衆○
當丁浪反下同還經典皆音旋帝乃誕敷文德遠人不服大布文德
以來之○誕音但舞干羽于兩階干楯羽翳也皆舞者
所執修闡文敎舞文
舞于賓主階間抑武事○階徐音
皆楯食允反翳於計反闡尺善反七旬有苗格討而不服不討自來明御之者必有道三苗之國左洞庭右彭
蠡在荒服之例去京師二千五百里也○洞徒弄反蠡音禮

疏

分北三苗

三載考績三考黜陟幽明三年有成故以考功九歲則能否幽明有別黜退其幽者升進其明者。黜丑律反庶績咸熙分北三苗考績法明衆功皆廣三苗幽闇君臣善否分北流之不令相從善惡明。北如字又音佩令力呈反

疏三載至三苗。正義曰自此以下史述舜事非帝語也言帝命羣官之後經三載乃考其功績經三考則九載黜陟幽明明者升之闇者退之羣官懼黜思升各敬其事故得衆功皆廣前流四凶時三苗之君竄之西裔更紹其嗣不滅其國舜即政之後三苗復不從化是闇當黜之其君臣有善有惡舜復分北流其三苗北背也善留惡去使分背也。傳三年至明者。正義曰三年一閏天道成人亦可以成功故以三年考校其功之成否也九年三考則人之能否可知幽明有別黜退其幽者或奪其官爵或徙之遠方升進其明者或益其土地或進其爵位也。傳考績至惡明。正義曰考績法明人皆自勵故得衆功皆廣也分北三苗即是黜幽之事故於考績之下言其流之分謂別之云北者言相背必善惡不同故知三苗幽闇宜黜其君臣乃有善否分背流之不令相從俱從之則善從惡俱不從則惡從善言善惡不使相從言舜之黜陟善惡明也鄭玄以爲流四凶者卿爲伯子大夫爲男降其位耳猶爲國君故以三苗爲西裔諸侯猶爲惡乃復分北流之謂分北西裔之三苗也孔傳竄三苗爲誅也其身無復官爵必非黜陟之限其所分北非彼竄者王肅云三苗之民有赦宥者復不從化不令相從分北流之王肅意彼赦宥者復繼爲國君至不復從化故分北流之禹繼鯀爲崇伯三苗未必絕後傳意或如肅言

虞有二苗

古時之

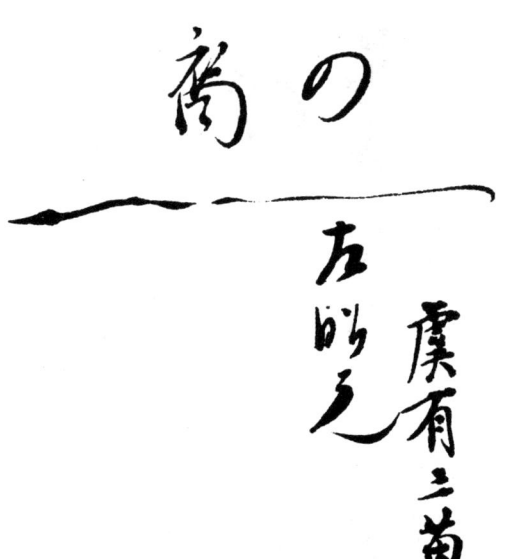

商の

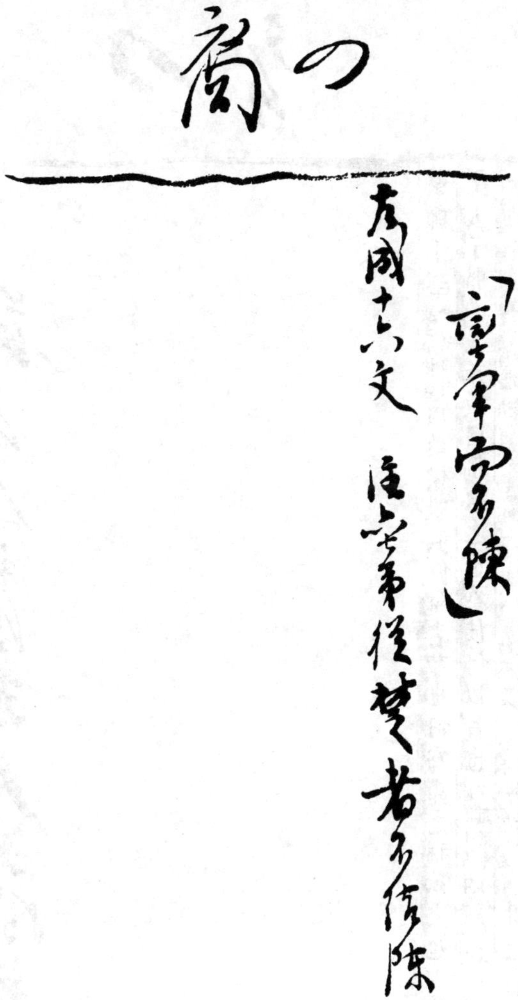

初

荆以人立後至天子弱先叛

○秋九月荆敗蔡師于莘（莘蔡地○莘所巾反）以蔡侯獻武歸荆者楚也何爲謂之荆狄之也何爲狄之聖人立必後至天子弱必先叛故曰荆狄之也蔡侯何以名也（據僖十五年秦獲晉侯不名○獻武本亦依左氏作舞）絶之也何爲絶之獲也中國不言敗（據宣十二年晉荀林父帥師及楚子戰于邲晉師敗績不言敗晉師○邲皮必反又扶必反一音弼敗績如字）此其言敗何也中國不言敗蔡侯其見獲乎其言敗何也釋蔡侯之獲也以歸猶愈乎執也（此中國諱見執故言以歸○爲于僞反）○冬十月

穀莊十

四裔

楚有王者則後服無王者則先叛

也時喜得屈完來服於陘即退次召陵與之盟故言盟于師盟于召陵師在召陵則曷爲再言盟据齊侯使國佐如師已酉及國佐盟于袁婁俱從地不再言盟【疏】注据齊至言盟解云在成二年秋言俱從地者謂國佐從晉于袁婁也喜服楚也孔子曰書之重辭之復嗚呼不可不察其中必有美者焉○重直用反又直容反之復扶又反年末乃復同又音福【疏】注孔子曰至美者焉○解云春秋説文何言乎喜服楚据服蔡無喜文【疏】注据服蔡無喜文解云即上侵蔡蔡潰是也楚有王者則後服桓公行霸至是乃服楚無王者則先叛桓公不脩其師先叛盟是也【疏】注桓公至是也○解云即下經云八月公至自伐楚傳云楚已服矣何以致伐楚叛盟也彼注云爲桓公不脩其師而執濤塗故也者是夷狄也而亟病中國數侵滅中國○亟去異反數音朔【疏】注數侵滅中國○解云即莊二十八年秋荆伐鄭者是其數侵中國之文其數滅中國者即滅鄧穀之屬是也而經不書者後治夷狄故也南夷與北狄交南夷謂楚滅鄧穀伐蔡鄭北夷謂狄滅邢衛至于温交亂中國【疏】注南夷至蔡鄭○解云楚滅鄧穀不書而此言者正以上桓七年夏穀伯綏來朝鄧侯吾離來朝傳云皆何以名失地之君也故知之伐蔡鄭者謂蔡鄭服從楚即上經齊侯侵蔡蔡潰遂伐楚者蓋是蔡爲楚之屬矣其鄭爲楚屬者蓋見莊十五年鄭人侵宋十六年夏宋人齊人衛人伐鄭之文也何者莊十五年時正是桓公爲霸宋爲齊屬而鄭侵之豈不從楚故也莊十六年齊人助宋伐之豈不怒乎其從楚而侵宋也蓋于時鄭人又服于齊是以十六年秋荆伐鄭故此作注云蔡鄭矣○注北夷至中國○解云狄滅邢衛在閔元年二年狄滅温在僖十年温言至于者以其在後故言至于僖十年文滅温也或者温是圻内之國去京師近故言至于矣中國不絶若綫綫縫帛縷以喻微也○綫思賤反桓公救中國存邢衛是也而攘夷狄攘却也北伐山戎是也○攘如羊反却也卒怗荆卒盡也怗服也荆楚也○怗他恊反一本作貼服也劉兆同廣雅云静也玉篇又丁篋反一本作拈或音章貶反以此爲王者之事也言桓公先治其國以及諸夏治諸夏以及夷狄如王者爲之故云爾其言來何据陳袁僑如會不言來與桓爲主也以從内文知與桓公爲天下霸主前此者有事矣謂城邢衛是也【疏】注謂城邢衛是也○解云即上

僖四

國事

歷代之荊楚

滔滔江漢南國之紀傳滔滔大水貌其神足以綱紀一方箋云江也漢也南國之大水紀理衆川使不雝滯喻吳楚之君能長理旁側小國使得其所。滔吐刀反長張丈反。盡瘁以仕寧莫我有箋云瘁病仕事也今王盡病其封畿之內以兵役之事使羣臣有土地曾無自保有者皆懼於危亡也吳楚舊名貪殘今周之政乃反不如。瘁本又作萃似醉反下篇同。疏傳滔滔至一方。正義曰滔滔大水貌與吳楚強盛言神者以國主山川所在之國當祀其神魯語曰禹會羣神於會稽以諸侯主祭其神故言神也則此言其神足以綱紀一方是明所事其神之國將有綱紀其意亦喻江漢之傍國故言一方也。箋江漢至其所。正義曰紀理衆川使不壅滯者謂衆川有所注入江漢能統引之不使其水壅遏滯塞常時通流也知喻吳楚之君者以舉江漢爲喻而彼南國之紀則以喻江漢所在之國能相紀理故喻吳楚矣吳楚之意出於經之南國也若然上章言諸侯並惡曾無一善今稱吳楚能理小國又幽王時吳楚微弱未爲盟主所以能長理傍國爲之綱紀者上言諸侯並惡謂中國諸侯耳漸漸之石序曰戎狄叛之荊舒不至是幽王之時荊已叛矣亦既有背叛王命固當自相君長是大能字小紀理傍國明矣南方險遠世有強國商頌云撻彼殷武奮伐荊楚是殷之中年楚已嘗叛鄭語史伯謂桓公曰姜嬴荊芈實與諸姬相干也南有荊蠻不可以入是幽王之時楚已強矣於時未必有吳以吳亦夷之強者與楚相配言耳公羊傳曰吳楚之君不書葬是吳楚相近故連言之。箋今王至不如。正義曰封畿之內謂中國所及之境故六月箋云今汝出征以正王國之封畿彼謂逐玁狁正中國也此疾王之惡而言盡病故爲盡病封畿之內以兵役之事謂以兵甲之事勞役之使不得安寧故羣臣諸侯有土地者無敢自保有之皆懼於危亡也以禹貢唐虞之時已云江漢朝宗于海言朝宗以示臣義故注以爲荊楚之域國無道則先強有道則後服也殷王武丁已伐荊楚是舊貪殘也

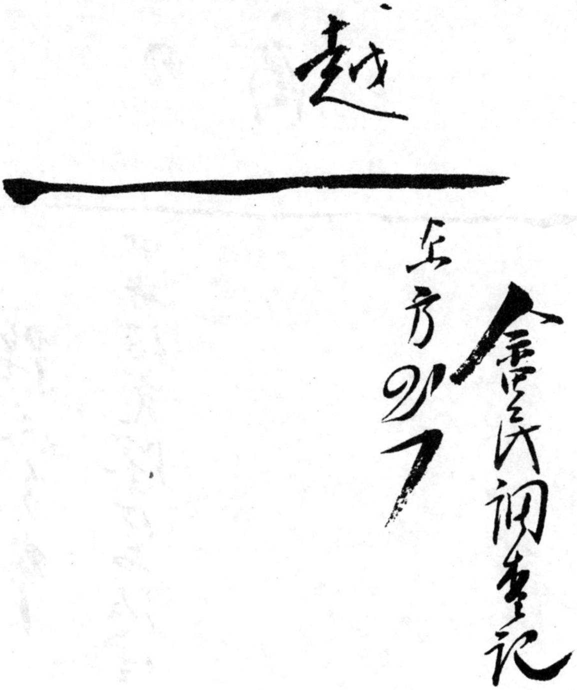
越

商の

猺人分部

中央研究院廣西凌雲猺人調查報告 廿二頁 廿六頁

裔の

樣

中央研究院廣西凌雲猺人調查報告 紅頭猺

自稱曰gou即漢意猺字至今都無譯人以猺

稱之者，猺字之意自無意義為待考證

蔚の

莫靜撰

中央研究院歷西凌雲樓人潤書招告自稱曰

bunang: 意蘇亥立南陽叢談

四裔

盤古

中央研究院歷史語言猺人謝重招告　盤古猺了猺人自述云

猺萬千年前諸猺族以人解化猺結隊乘船數千度大洋突入地川猺

十日後猺船猺人呼天求救盤古下界爾者何為人善道他船[redacted]渡

李為啟洛[redacted]之神

渡海登陸猺人[redacted]為口漢人呼之為盤古猺人口森方面述云由國郡與世丹异

謝前一等猺人1906年在結婚出大山後安三次

其人自稱曰 Yu-mien 者尚人（自呼曰 mɛn）乃人字意[illegible]「man」

mien [redacted] 音與畏為音母曰 mien 當即 man 之音或讀人呼

南方民族名信者即此字之譯音耳

四未

此有薪傳故胡人渾首也人其習中國
歟之道所由與吾薪傳一也
又割習以下至一月皆起伏

四弟

長齡

閏端十七、四上

の第

祭苗

民謂之の

之弟

穆賢之子 穆戴作於一篇

第十九、五上 札中、十五

東方曰夷，被髮文身「被字讀為

髲鬄髲」

淮南說山訓曰是通琥珈乳無角

「淮南子原道訓於是民人被髮

文身被髮如」

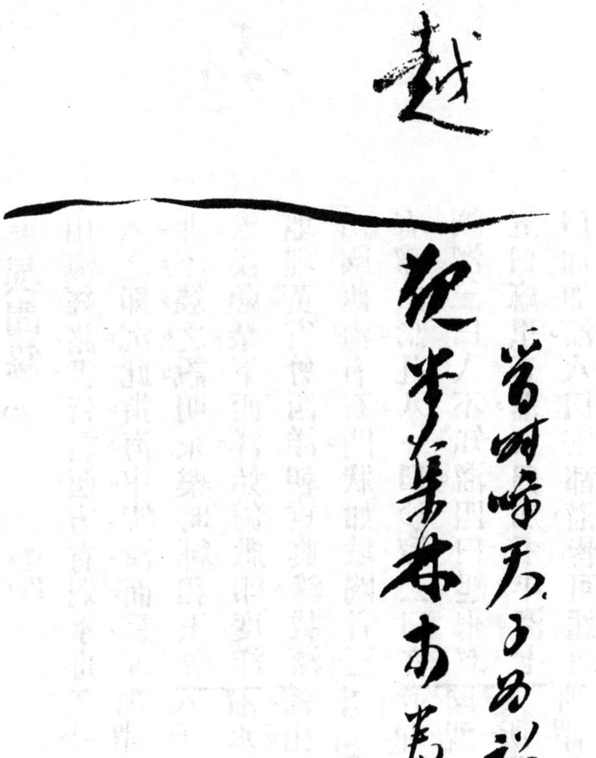

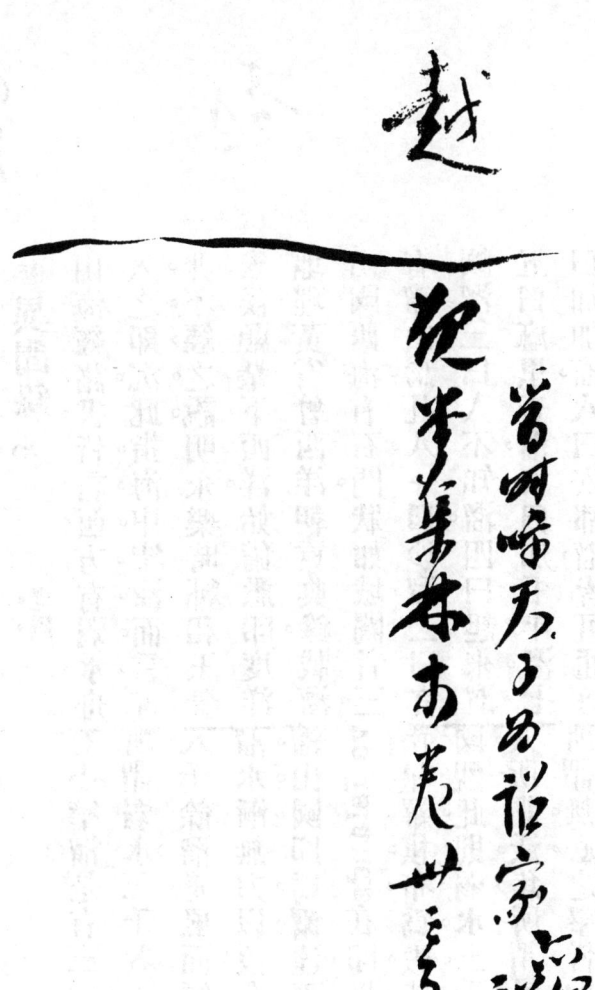

南海

異聞錄（六）

老圃

山海經諸書。皆言西方有弱水。舟人之即沉。此指海中窄溜而言。實非不經之說。明永樂時。鄭和王景宏侯顯輩下西洋。始備悉印度洋地理。黃省曾西洋朝貢典錄。載溜山國。西海有石門。狀如城闕者三。有溜山焉。凡八。一曰沙溜。二曰官嶼溜。三曰人不知溜。四曰起來溜。五曰麻里奇溜。六曰加平年溜。七曰加加溜。八曰安都溜。皆可通海船。皆有聚落。其通也有主焉。又西有小窄溜。是有三千。是皆弱水。即所謂弱水三千者焉。一曰有三萬八千餘溜。舟風而傾舵也。則墜於溜。水漸無力以沒。今考明時所謂溜山國。即馬爾達巫羣島Maldive Islands在印度錫蘭島之西南。星羅棋布。爲數甚衆。今亦屬英國。觀此則弱水三千。確有其事。古人所謂沃焦。所謂尾閭。所謂海眼。所謂無底之壑。皆指此而言。實即漩渦也。

四裔

異聞錄（四）

老圃

小說家言夜叉或言羅刹乃非人非獸之怪物其實此二字皆出於印度夜叉本義爲勇健爲暴惡羅刹本義爲疾速鬼爲可畏乃指一種蠻人非怪物也隋書羅刹在婆利東屬南蠻其人朱髮黑身獸牙鷹爪唐會要四夷附錄有羅刹支國其北陀拔恩單東都盤西沙蘭南大食今考其地在孟加拉海灣即英領尼科伐島 Nicobar 雖與狗國晏陀蠻爲鄰然晏陀蠻人爲尼刻羅種羅刹支人爲馬來種其風俗形貌皆絕異羅刹人生子以石壓其頭使成匾形男子蓄長髮女子則髡馬哥博羅稱其島曰奈苦佛蘭 Necuveran 言其族無酋長與狗國相似男女皆裸不掛一絲其實羅刹國與狗國因兩島接近昔人每混而爲一貝爾巴伯 Pere Barbe 謂尼科伐人種相傳是狗種曼納 Colonel Man 謂尼科伐人犬齒突出其狀獰醜則以羅刹爲狗國矣羅喬爾 Rog er謂屢聞婆羅門言羅刹 Rakshasas 居於晏陀蠻島吞噬人類則又以狗國爲羅刹矣淸初人每稱俄羅斯曰羅刹故有平定羅刹方略一書閻若璩潛邱劄記力辯俄羅斯非羅刹而不知露西亞之音實與羅刹同俞正燮癸巳存稿又力辯俄羅斯即羅刹而不知羅刹處南海俄羅斯處北海風馬牛不相及也

◉異聞錄（八）

吾嘗言唐人用黑奴由亞刺伯人販入爲非洲之尼刻羅族今更參考亞刺伯人之記載益知此說不誣但以崑崙爲刻羅之轉音則非也崑崙實係地名但顧亭林指爲眞臘則大誤崑崙爲余舊遊地乃航歐必由之路即錫蘭島之可倫破也 Colombo 馬哥博羅名曰 Coilum古時或稱 Kaulam 或稱 Quilon 或稱 Kollam 故唐朝人譯其音曰崑崙其字出於梵文其意則黑胡椒也亞刺伯人在西曆八百五十一年曾有記述名曰 Kaulam-Male 謂其地爲印度大商埠有中華商船與之通商往來不絕又亞刺伯人伊明巴圖泰 Ibn Batuta 謂其地有淸眞寺爲印度西岸最華美之商場富商大賈自四方而至尤爲中華商人薈萃之地觀此知唐時崑崙不特爲華商之西道主且爲大食回敎人之東道主華商與大食商在此接觸買其黑奴因名曰崑崙奴又考中華記載亦嘗言亞刺伯人販

黑奴之事趙汝适諸蕃志言「崑崙層期國在西南海上連接大海島西有海島多野人身如黑漆虯髮誘以食而擒之轉賣與大食國爲奴獲價甚厚託以管鑰謂其無親屬之戀也」此所謂崑崙層期實係兩地而皆在印度洋相隔不遠層期即非洲東岸之桑給巴爾Zangibar 古人稱桑給巴爾曰Zingis故譯曰層期黑奴由層期輸出運至崑崙以崑崙爲奴市也

異聞錄（三）

老圃

晏子有言從狗國者從狗門入此乃罵楚爲狗非眞有狗國也嶺表錄異載陵州刺史周遇歸閩遭惡風飄五日夜不知行幾千里竟歷狗國見如人裸形抱狗而出此類齊諧之書然參照東西記載實確有此國馬哥博羅言有島曰安儉曼難Angamaanin島人與野獸無異頭作狗形齒與目皆類狗驟觀之直類麥司鐵夫大狗Masti其人殘虐苟非同族輒吞噬之今考此島在孟加拉海灣爲英國領土今名曰安覃曼島Andaman即諸蕃志所謂晏陀蠻西洋朝貢典錄所謂梭篤蠻也其土人爲世界最黑之人種雖在印度附近實爲尼刻羅種身短蚪髮據弗勞阿博士之研究實爲非洲及大洋洲兩地尼刻羅之原種貌極獰惡裸而文身又滿塗赭石膏藥以避蚊蝨其屋以樹葉爲之或巢居樹下或作營窟遷徙無常隨魚類所在而居其人不論哀樂情動即哭泣體雖堅强而壽命極短鮮有過四十者死者不葬聽其腐朽而奪

其遺骨寡婦恒持其夫之髑髏以供玩用此類人種今日就衰減僅供人種學標本之用恐不能久存也但晏陀蠻之名稱相傳極古在昔希臘人已有記載而亞剌伯人記之尤詳皆言其噬人然據今日英人言實不噬人但其性排外虐待漂流之客所不免耳諸蕃志等書所言晏陀蠻風俗大率與亞剌伯記載不異因其人貌惡而性殘又或窟居故謚曰狗國也

越

異聞錄（二）

老圃

南楚新聞載南方有獠婦生子便起其夫臥牀蓐飲食皆如乳婦稍不衛護其孕婦疾皆生焉其妻亦無所苦炊爨樵蘇自若又云越俗其妻誕子經三日便澡身於溪河返具糜以餉壻壻擁衾抱雛坐於寢榻稱爲產翁此類記載讀者皆不信然古今蠻民行此俗者極多法文謂之 Couvade 即產翁也據太羅爾 Tylore 之研究歐洲庇令尼司山區域曾有此俗即今世西班牙之拔司克區域其流風猶未艾南美洲此風尤盛不特畿安那西印度諸地之加律孛番族 Carib 有之即巴西與亞馬孫河流一帶土人及巴拉圭之亞比本司番族 Abipones 亦異族而同風且此風行於西非洲廊六甲南印度加立福尼亞諸土人間元時馬哥博羅游歷雲南之大理言永昌金齒之民亦有產翁之俗凡坐蓐四十日南楚新聞所載或即指此或獠越與驃同俗皆不可知歟

西古時記載言産翁者更不一而足并有詩歌相傳爲笑皆與南楚新聞所載大同小異其稍經變易猶留遺跡者則有婆羅洲堪察克格林蘭諸族所謂産翁者大率有食忌拘束其自由不許工作不許沐浴或禁止觸器械或禁止用指爪其坐蓐日期則稍有長短隨各地風俗而異此類奇俗宜有獨無偶乃各蠻俗竟不謀而合雖經人類學家之討究要不知其所以然也

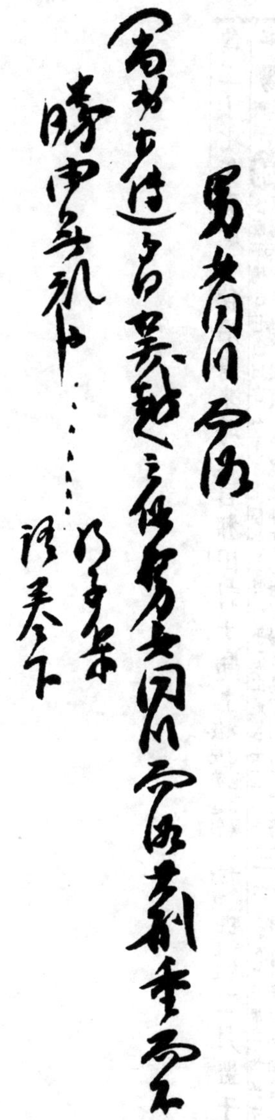

傳二十七年春越子使后庸來聘且言邾田封于駘上（欲使魯還邾田封竟至駘上○駘他來反又音臺竟音境）二月盟于平陽（西平陽）【疏】注西平陽○正義曰宣八年城平陽此云盟于平陽土地名云宣八年平陽東平陽也泰山有平陽縣此年平陽西平陽也高平南有平陽縣 三子皆從（季康子叔孫文子孟武伯皆從后庸盟○從如字注同從才用反非也）康子病之（恥從蠻夷盟）言及子贛（思子貢）曰若在此吾不及此夫（不及與越盟○夫音扶）武伯曰然何不召曰固將召之文子曰他日請念（言季孫不能用子贛臨難而思之○難乃旦反）○夏四月己亥季康子卒公弔

四裔

衛侯歸效夷

言子之尚幼子之公孫彌牟○說音悅下同舍音捨釋也又音赦效戶教反曰君必不免其死於夷乎執焉而又說其言從之固

矣出公輒後卒死於越○冬十二月螽季孫問諸仲尼仲尼曰丘聞之火伏而後蟄者畢火心星也火伏在今十月○蟄直

哀十二

第二

原書

吕思勉存

弟の

席乎尊師道故不肯也。今也南蠻鴃舌之人，非先王之道，子倍子之師而學之，亦異於曾子矣。吾聞出於幽谷遷于喬木者，未聞下喬木而入于幽谷者。今此許行乃南楚蠻夷，其舌之惡如鴃鳥耳。鴃，博勞鳥也。詩云：七月鳴鴃。應陰而後動者也。許子託於太古，非先聖王堯舜之道，不務仁義，而欲使君臣並耕，傷害道德，惡如鴃舌。與曾子之心亦異遠也。人當出深谷止喬木，今子反下喬木人於幽谷。魯頌曰：戎狄是膺，荊舒是懲。周公方且膺之，子是之學，亦為不善變矣。詩魯頌閟宮之篇也。膺，擊也。懲，艾也。周家時擊戎狄之不善者，懲止荊舒之人，使不敢侵陵也。周公常欲擊之，言南蠻之人難用，而子反悅是人而學其道，亦為不

管子 鹽鐵論謂為越人

未知孰是

南の

「南越有邑焉名爲建德之國」、、、と

莊子山木篇之趣東西國家之理想託以南越竟

南越之所知也

想象徐無鬼篇子不聞夫越之流人乎

可見中土而後到有無人之境

越人与身家見之　謹書

越寇

衆人以爲不孝孟子以爲禮貌之者也公都子曰匡章通國皆稱不孝焉至敢問何也者公都子謂孟子曰匡章子徧國之皆稱爲不孝者焉夫子乃與之遊又從而敬恱之敢問夫子是如之何孟子曰世俗所謂不孝者五至於是乎孟子荅公都子曰世俗之人所謂爲不孝之行有五怠惰其四支不作事業而不顧父母之所養爲一不孝也博弈好飲酒而不顧父母之所養爲二不孝也好貨財私愛妻子而不顧父母之所養爲三不孝也縱其耳目之所慾陷於其罪以辱及父母是四不孝也好勇暴好爭鬬好殥很以驚危父母是五不孝也章子豈有一事於此五不孝乎夫章子子父責善而不相遇也責善朋友之道也父子責善賊恩之大者孟子言章子但失於父子責善不相遇也不遇者是不相得也其所以相責於善乃朋友切磋琢磨之道也如父子相責善是賊害其父子之恩大者矣夫章子豈不欲有夫妻子母之屬哉至也則章子而已矣孟子又言夫章子與父子不相遇而離之豈以章子不欲有夫妻子母之爲親屬哉爲其得罪於父不得近焉故用出去其妻屏逐其子終身不爲妻子所養也其章子如或開設於心爲不若是離之父故出妻屏子是陷父於不義之罪者矣是則罪之眞大者矣是則章子之行以此而已我何可絶而不與之邪以此論之則章子之過過於厚者矣宜孟子與之遊又從而禮貌之也蓋謂不顧父母之養者是有逆於父母而不順父母之意耳孝經云父有爭子則身不陷於不義禮云與其得罪於州閭鄉黨寧熟諫然則父有不義雖熟諫以爭之可也又安可以朋友責善施於父子之間哉故章子所以離之遂用出妻屏子爲其父有不義而不可言耳

曾子居武城有越寇或曰寇至盍去諸盍何不也曾子居武城有越寇將來人曰寇方至何不去之曰無寓人於我室毀傷其薪木寇退則曰脩我牆屋我將反寓寄也曾子欲去戒其守人曰無寄人於我室恐其傷我薪草樹木也寇退則曰治牆屋之壞者我將來反寇退曾子反左右曰待先生如此其忠且敬也寇至則先去以爲民望寇退則反殆於不可左右相與非議曾子者言武城邑大夫敬曾子武城人爲曾子忠謀勸使避寇君臣忠敬如此而先生寇至則先去使百姓瞻望而効之寇退安寧則復來還殆不可如是怪曾子何以行之也沈猶行曰是非汝所知也昔沈猶有負芻之禍從先生者七十人未有與焉沈猶行曾子弟子也行謂左右之人曰先生之行非汝所能知也先生曾子也往者先生嘗從門徒七十人舍吾沈猶氏時有作亂者曰負芻來攻沈猶氏先生率弟子去之不與其難言賓師不與臣同耳子思居於衛有齊寇或曰寇至盍去諸子思曰如伋去君誰與守伋子思名也子思欲助衛君赴難孟子曰曾子子思同道曾子師也父兄也子思臣也微也曾子子思易地則皆然孟子以爲二人同道曾子爲武城人作師則其父兄故去留無毀子思微少也又爲臣委質爲臣當死難故不去也子思與曾子易地皆然疏曾子居武城至

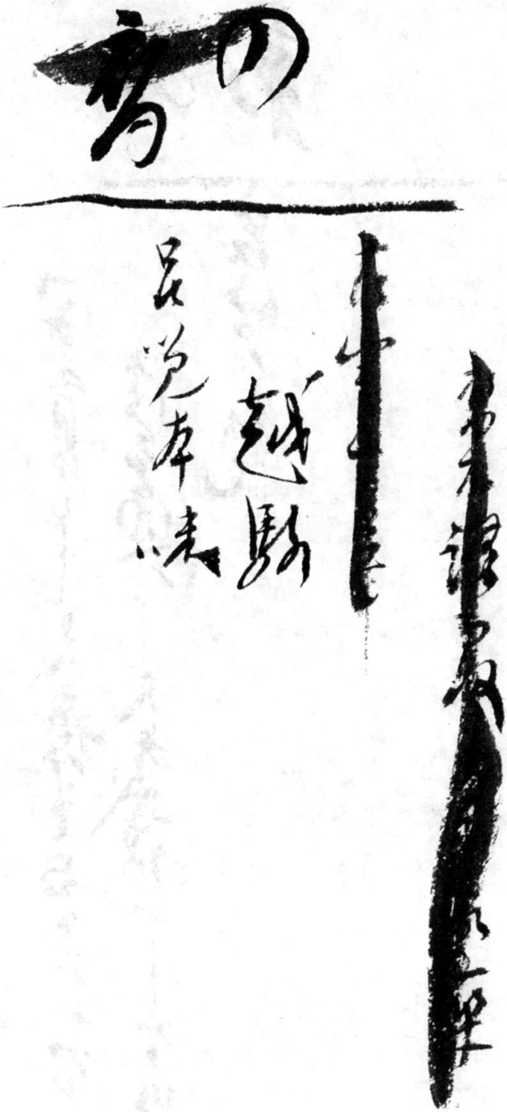

東の

呂修人 知化

「墨子」……夫差與吳夫差以好俊合周之下
諸子通し……夫差吳王與越以……好俊周之諸通し

丹崖

南之作乃平生爲書丹崖之之擬作無奈稱云此篇勿以
麻子讀之爲之越王子樓南載日內丹崖之之之人稱
幽宇丹崖辨文引見稱共上多今年丹明書孝南
南嶽在手動海君爲爲真收之難也求爲文者
風日是吾之又日作果大矣又吾書孔府也
日作修者信是爲內飲仁以生月歌以書
君則天下安寧

凱風之
風穴

南次三經：又東四百里至于旄山之尾，其南有谷，曰育
遺。或作隧。按[illegible]遺隧古音相近。[illegible]爲
言其風從[illegible]隧[illegible]之隧[illegible]凱風[illegible]風穴說文
言風[illegible]風穴。多怪鳥，凱風自是出。凡風[illegible]
參即[illegible]
[illegible]云[illegible]
凡[illegible]風
勉案：[illegible]文[illegible]穴[illegible]鳥[illegible]風[illegible]

條風之穴　南有炎火千里

南山經　又東五百里曰令丘之山無草木多火壑

案初學記二十五卷引括地圖曰神居火穴光照千里

神丘令丘耶抑白民林之詞古[illegible]六云魂處學[illegible]南

南有炎火千里　抱朴子云南海蕭丘有自生之火

若南風為日中少不條風自足出　東北風為條　風記曰條風至

史記律書[illegible]條風今多從東方來者為[illegible]也[illegible]風

淮南墬形訓云東方曰條風　高誘注云震氣所生一曰明庶風

郡國志九真郡下居風引交州記云山有風門常有風

郭[illegible]記曰此淮南天文訓云條風至則出輕繫去稽留

郭注積替、攜吾藏……

陳本補作遹是

海南

明都

（南方大傳）及成五服外薄四海……大都鯉魚二刀 注大都明都鯉魚今江南以為咸會鮑魚刀魚兵如刀者也於中國傳 注並見王海王會解序及初學記政理部三 御覽七百六十六襍物部一八百四十七器物部四九百七十九果部十二禮書五十一 爾雅翼卷三十 錦繡萬花谷後集卷十八圍

與西經同二

越

異聞錄(十二)

老圃

儒家主厚葬。墨家主薄葬。各人種葬法。亦千差萬別。西藏番人以屍體投湖中飼魚類。古代拔克的里人Bactrians 特養狗類。以屍體飼之。諾司曼人Norseman則投入海中。伊的阿比亞人亦投入江中。或供於室中。飾以金泥。巴比侖人則塗以蜂蜜作木乃伊。康納立島人則曝乾其屍體而塗之以漆。秘魯人及墨西哥人。亦皆有木乃伊。與挨及同。古時希臘人有火葬。中國宋元時亦盛行。今世各國亦有行者。巴爾西司Parsees 先置屍於一處。名曰dakhamas。聽鷲食其肉。而拾其骨置深井中。希馬拉耶山之土人。火其屍而揚其灰於四方。中國上古有殉葬。印度之薩諦人 Sutti 至今婦殉其夫。美洲紅族有赤逸納者Cheyenne以屍體懸大森林中。或聽其自毀。或為鷲所啄食。否則束以柳條掛於木棉樹上。以足向南。并裹以食物烟草及兵器。供死後游獵之用。陔餘叢考載江西廣信府一帶風

俗既葬二三年後輒啓棺洗骨使
淨別貯瓦缾內埋之謂之洗骨葬
南史載衡陽土俗人有病輒云先
亡爲禍乃開塚破棺洗枯骨謂之
除祟云

兩吳

周[illegible]作

[redacted]の南
象

不在戰數。澨市制反 疏 注奔食至戰數○正義曰五戰謂濟漢而陳自小別至于大別三戰也柏舉也清發也此已五矣若復數雍澨則爲六也傳例皆陳曰戰奔食而從之則食者走不暇爲陳故不數也 己卯楚子取其妹季芈畀我以出涉雎 雎水出新城昌魏縣東南至枝江縣入江是楚王西走○芊面爾反楚姓畀必利反世族譜季芈畀我皆平王女也服云畀我季芈之字雎音七餘反下同 疏 季芈畀我○正義曰世族譜季芈與畀我二人皆平王女也服虔云季芈許嫁而字畀我季芈弟也禮婦人許嫁笄而稱字季芈稱字是許嫁也蓋遭亂失死而改適鍾建耳○注雎水至西走○正義曰土地名雎水出新城昌魏縣南發河山東南經襄陽至南郡枝江縣入江此水在郢都之西楚王辟吳而西走 鍼尹固與王同舟王使執燧象以奔吳師 燒火燧繫象尾使赴吳師驚却之○鍼之林反燧音遂 疏 注燒火至却之○正義曰賈逵云燧火燧也象象獸也以火繫其尾使奔吳師驚却其衆使王得脱杜用其說也禮有金燧木燧皆取火之物故以燧名火也說文云象長牙鼻南越之大獸也南州異物志云象身倍數牛而目則如豕其鼻長七八尺其所食物皆鼻取之性馴良爲人所養夷人服乘之史記大宛傳曰身毒國其民皆乘象以戰是象可調馴楚近南邊故有此象王將涉雎吳師來偪故使以火繫象尾令奔吳師使驚却之言執燧象者旣繫火於尾執而率向吳師乃放之 庚辰吳入郢以班處宮 以尊卑班次處楚王宮室 子山處令尹之宮 子山吳王子 夫槩王欲攻之懼而去之夫槩王入之 入令尹宮也言吳無禮所以不能遂克 左司馬戌及息而還 息汝南新息也聞楚敗故還 敗吳師于雍澨傷

片の

且王前嘗用召滑於越【集解】徐廣曰一作涓而

內行章義之難【索隱】召滑內心猶詐外則佯章思義而卒包藏禍心構難於楚戰國策云內句章昧之難也越國亂故楚南塞厲門【集解】徐廣曰一作瀨湖【正義】劉伯莊云厲門度嶺南之要路而

乾隆四年校刊　史記卷七十一樗里子甘茂列傳范蜎之言　二十八

郡江東【正義】吳越之城皆爲楚之都邑計王之功所以能如此者越國亂而楚治也今王知用諸越而忘用諸秦臣以王爲鉅過矣然則

四如事

事勢似僅在淮之与吳越對壘

蜎之言皆吳越後叛事

僕徽盧等附

○帝

湯與南方

大戴記保傅「湯去張網者之三面而二垂至」盧注：湯出見野張網四面，祝曰：自上下四方皆入吾網。湯曰：嘻，盡之矣。乃去其三面而祝曰：欲左者左，欲右者右，不用命者乃入吾網。諸侯聞之，曰：湯德至矣，乃及禽獸，於是歸湯者四十國。二垂，謂天地之際，言威德之遠被四方之民咸依從以二垂至」

勉案：呂覽異用云「漢南之國聞之，曰：湯德至禽獸，四十國歸之」二垂指西南，盧說誤也。

裔の一

漢南諸侯

（尚書大傳）桀無道，囚湯，後釋之，諸侯八譯來朝者六國（北堂書鈔十 帝王部來遠）

南諸侯聞之歸之四十國（路史后紀 夏后紀下）

群舒　廬　糜

○楚莊王立（穆王子也）子孔潘崇將襲羣舒使公子燮與子儀守而伐舒蓼（即羣舒。燮昔協反守手又反蓼音了）二子作亂城郢而使賊殺子孔不克而還八月二子以楚子出將如商密（國語曰楚莊王幼弱子儀爲師王子燮爲傅。還音旋）疏注國語至爲傅。正義曰楚語蔡聲子云楚莊王方弱申公子儀父爲師王子燮爲傅使潘崇子孔帥師以伐舒燮及儀父施二帥而分其室師還至則以王如廬廬戢黎殺二子而復王　廬戢黎及叔麇誘之遂殺鬬克及公子燮（廬今襄陽中廬縣戢黎廬大夫叔麇其佐鬬克子儀也。廬力於反又音盧注同戢側立反麇九倫反）初鬬克囚于秦（在僖二十五年）秦有殽之敗（在僖三十三年）而使歸求成成而不得志（無賞報也）公子燮求令尹而不得故二子作亂（傳言楚莊幼弱國內亂所以不能與晉競）穆伯之從已氏也（在八年。已音紀又音祀）魯人立文伯（穆伯之子穀也）穆伯生二子於莒而求復文

弑而代立曰熊延【索隱】如此史意郎上鄂王紅也譙周以爲熊渠卒子熊翔立卒長子摯有疾少子熊延立此云摯紅卒其弟弑而自立曰熊延欲會此代系則翔亦母康之弟熊渠者既卒母康又早卒其摯紅亡而被延弑故史考言摯有疾而此言弑也【正義】譙周言摯有疾此言弑未詳宋均注樂緯云熊渠嫡嗣曰熊摯有惡疾不得爲後別居於夔爲楚附庸後王命曰夔子也熊延生熊勇熊勇六年而周人作亂攻厲王厲王出奔彘熊勇十年卒弟熊嚴爲後熊嚴十年卒有子四人長子伯霜中子仲雪次子叔堪【索隱】堪一作湛少子季徇【索隱】徇旬俊反熊嚴卒長子伯霜代立是爲熊霜熊霜元年周宣王初立熊霜六年卒三弟爭立仲雪死叔堪亡避難於濮

楚世家

楚初封荆山

讀閔羌志 九〇一下

第四

續聞因大越舊那今年往葉得國當城
僕人是此今日僕人家下不開戶共事多殊
人不可那二之不祥

西南

盧戎

續郡國志　南郡　中盧侯國　注　襄陽耆舊

謂古盧戎也

戎　庸　麇　百濮

○楚大饑戎伐其西南至于阜山師于大林又

文十六

伐其東南至于陽丘以侵訾枝戎山夷也大林陽丘訾枝皆楚邑○饑音飢一音機訾子斯反疏注戎山夷也○正義曰四夷之名隨方立名則各從方號故北戎病燕齊侯伐山戎北方得有戎故定稱則曰東夷西戎南蠻北狄其當處楚西亦有戎戎是山間之民夷爲四方揔號故云戎山夷也庸人帥羣蠻以叛楚庸今上庸縣屬楚之小國麇人率百濮聚於選將伐楚選楚地百濮夷也○麇九倫反濮音卜選息兗反又息戀反疏注選楚地百濮夷也○正義曰將欲伐楚聚於此地故知是楚地也牧誓武王伐紂有庸濮從之孔安國云庸濮在江漢之南是濮爲西南夷也釋例曰建寧郡南有濮夷濮夷無君長揔統各以邑落自聚故稱百濮也下云各走其邑是無君長統之於是申息之北門不啓備中國疏申息之北門不啓○正義曰申息北接中國有寇比從北來故二邑北門不敢開也楚人謀徙於阪高楚險地○阪音反一音扶板反蔿賈曰不可我能往寇亦能往不如伐庸夫麇與百濮謂我饑不能師故伐我也若我出師必懼而歸百濮離居將各走其邑誰暇謀人乃出師旬有五日百濮乃罷濮夷無屯聚見難則散歸○蔿于委反屯徒門反聚才住反又如字難乃旦反又如字自廬以往振廩同食往往伐庸也振發也廩倉也同食上下無異饌也○廬力於反又音盧廩力甚反次于句澨楚西界也○句古侯反澨市世反使廬戢黎侵庸戢黎廬大夫及庸方城方城庸地上庸縣東有方城亭庸人逐之囚子揚窻窻戢黎官屬○窻初江反三宿而逸曰庸師衆羣蠻聚焉不如復大師還復句筮師且起王卒合而後進師叔曰不可師叔楚大夫潘尫也○卒子忽反尫烏黃反姑又與之遇以驕

之彼驕我怒而後可克先君蚡冒所以服陘隰也蚡冒楚武王父陘隰地名○可克或作可擊蚡扶粉反冒莫報反史記楚世家云蚡冒卒弟熊達殺蚡冒子而代立是爲楚武王與杜異陘音刑隰音習疏注蚡冒至地名○正義曰劉炫云案楚世家蚡冒卒弟熊達殺蚡冒子而代立是爲楚武王則蚡冒是兄不得爲父今知不然者以世家之文多有紕繆與經傳異者非是一條杜氏非不見其文但見而不用耳劉以世家而規杜非也言服陘隰則陘隰本是他國蚡冒始服之也釋例陘隰與僖四年次于陘爲一地潁川召陵縣南有陘亭楚自武王始居江漢之間則蚡冒之時未至中土不應已能越申息服潁川之邑發非也又與之遇七遇皆北北走曰北○北如字一音佩○唯裨鯈魚人實逐之裨鯈魚庸三邑魚魚復縣今巴東永安縣輕楚故但使三邑人逐之○裨婢支反鯈直留反庸人曰楚不足與戰矣遂不設備楚子乘馹會師于臨品馹傳車也臨品地名○馹人實反傳下戀反疏注馹傳車也○正義曰釋言云馹傳也舍人曰馹尊者之傳也郭璞曰傳車驛馬之名也分爲二隊隊部也兩道攻之○隊徒對反注同子越自石溪子貝自仞以伐庸子越闕椒也石溪仞入庸道○溪苦兮反本又作谿貝浦蓋反今俗本多作負音二字仞人慎反秦人巴人從楚師羣蠻從楚子盟蠻見楚彊故遂滅庸傳言楚有謀臣所以興

南回

御

去歲年終承乞 髭 長者御字閱，去冬御函寄

府安子疏府內子家譯言御我佑款讀從

御言鄉拜上於佛

又乃去年十一月 安名姓 萬朝寸回萬名姓名……此謝氏……

去冬乃中李佑髭氏……

更令說人 以世為誠

西旅獻獒

釋文獒……馬云作豪，酋豪也。正義鄭云

獒讀為豪，西戎無君名，強大有政者為酋豪，

國人遣其酋豪來獻見于周

疏亦云西戎西方之戎有國名旅者也一戎

以獒為犬誤之又誤

の方

鬚髭

說文髟部 髳 髮至眉也从髟敄聲
詩曰紞彼兩髳
髳 髳或省漢令有髳長
此髳即髳亦字而髳字顧以爲牧
誓下庸蜀羌髳微盧彭濮人亦如字
以髳[illegible]傳曰[illegible]

函弟别后接誦賢印[illegible]賢弟[illegible]之

請命萬安[illegible]便日稍寧弟[illegible]亦佳

共勉之[illegible]

陳昭元麐琴子眷郎拜文眷喬啟

麇

記

狄侵宋○楚子蔡侯次于厥貉厥貉某地也○貉亡白反

十有一年春楚子伐麇○麇九倫反○夏叔彭生會晉郤缺于承匡承匡宋地○缺苦悦反○秋曹伯來朝○朝直遥

殺之土

裔の

麇‖巻

○葬邾婁悼公○冬十有一月己酉楚子

公昭元

卷卒○卷音權左氏作麇 疏 楚子卷卒○解云左氏作麇字二小傳本亦有作麇字者○楚公子比出奔晉辟內難也 疏 注辟內難也○解云正以更無他事於君薨之際而出奔故知止應辟內難故也

二年春晉侯使韓起來聘○夏叔弓如晉○秋鄭殺其大夫公孫黑○冬公如晉至河乃

圈

の脩

夫宜申○自正月不雨至于秋七月公子遂之所招○及蘇子盟于女栗○女音汝本亦作汝○冬狄侵宋○楚子

蔡侯次于屈貉。魯恐故書刺微弱也○屈貉居勿反又音厥下麥又戶各反二傳作厥貉

十有一年春楚子伐圈○圈求阮反一音卷說文作圈字林曰萬反二傳作麇○夏叔彭生會晉郤缺于承匡○秋曹伯來

文十一

髦　髳

十三經注疏　詩十五之一　小雅　魚藻之什　四

如蠻如髦我是用憂。蠻南蠻也髦夷髦也箋云今小人之行如夷狄而王不能變化之我用是為大憂也髦西夷別名武王伐紂其等有八國從焉。髦舊音毛詩毛鄭之意當與尚書同音莫侯反行下孟反

疏 如蠻至用憂。正義曰言由王不以善政啓小人之心令如南國之荊蠻如西方之我髦行如夷狄王不能變我是用為大憂之欲令王與善政而不能由此以刺之也。傳蠻南蠻髦夷髦。正義曰兩雅八蠻在南故為南蠻髦對而言之不在中國故為夷髦雖在西夷揔名也。箋今小至從焉。正義曰言如以比之是小人之行比如夷狄也傳言夷髦不辨其方之所在故云西夷之別名知者正以武王伐紂其等有八國從之其中有髳故知在西方也牧誓曰及庸蜀羌髳微盧彭濮人又曰逖矣西土之人是西方遠彼髳此髦音義同也

角弓八章章四句

牧誓

庸蜀羌髳微盧彭濮

及庸蜀羌髳微盧彭濮人八國皆蠻夷戎狄屬文王者國名羌在西蜀叟髳微在巴蜀盧彭在西北庸濮在江漢之南

疏傳八國至之南○正義曰九州之外四夷大名則東夷西戎南蠻北狄其在當方或南有戎而西有夷此八國並非華夏故大判言之皆蠻夷戎狄屬文王者國名也此八國皆西南夷也文王國在於西故西南夷先屬焉大劉以蜀是蜀郡顯然可知孔不說又退庸就濮解之故以次先解羌云羌在西蜀叟者漢世西南之夷蜀名為大故傳據蜀而說左思蜀都賦云三蜀之豪時來時往是蜀都分為三羌在其西故云西蜀叟叟者蜀夷之別名故後漢書興平元年馬騰劉範謀誅李傕益州牧劉焉遣叟兵五千人助之是蜀夷有名叟者也髳微在巴蜀者巴在蜀之東偏漢之巴郡所治江州縣也盧彭在西北者在東蜀之西北也文十八年左傳稱庸與百濮伐楚楚遂滅庸是庸濮西江漢之南

釋詁下

卬吾台予朕身甫余言我也 卬猶姎也語之轉耳書曰非台小子古者貴賤皆自稱朕禮記曰授政任功曰予一人畛於鬼神曰有某甫言見詩○卬五剛切台音怡下同 疏 至我也○釋曰我者施身自謂也此皆我之別稱也卬者郭云卬猶姎也語之轉耳說文云女人稱我曰姎由其語轉故曰卬邶風匏有苦葉云人涉卬否吾者孔子曰吾自衛反魯身者我之躬也余者邶谷風云伊余來塈餘皆見注注書曰至見詩○釋曰云書曰非台小子者湯誓文云古者貴賤皆自稱朕者大禹謨云帝曰朕宅帝位禹曰朕德罔克屈原亦云朕皇考曰伯庸是貴賤皆自稱朕史記秦始皇二十六年定爲至尊之稱漢因不改以迄於今云禮記云授政任功曰予一人畛於鬼神曰有某甫者皆下曲禮文云言見詩者周南葛覃云言告師氏言告言歸是也

朕余躬身也 今人亦自呼爲身 疏 朕余躬身也○釋曰身即我也郭云今人亦自呼爲身舍人曰余謙卑之身也孫炎曰余舒遲之身也僖九年左傳云齊侯曰小白余杜注云小白齊侯名余身也邶谷風云我躬不閱

台朕賚畀卜陽予也 賚卜畀皆賜與也與猶予也因通其名耳魯詩曰陽如之何今巴濮之人自呼阿陽○畀必二切陽予音與 疏 台朕至予也○釋曰予即與也皆謂賜與台者遺與也讀與貽同朕者我與之也賚畀卜皆賜與也說命云夢帝賚予良弼鄘風干旄云何以畀之小雅天保云君曰卜爾萬壽無疆注與猶至阿陽○釋曰云與猶予也因通其名耳者說文云與黨與也予推予前人也象兩手相與之形今經典多以與爲推予故云因通其名耳云魯詩云陽如之何者漢書蓺文志云魯申公爲詩訓故是爲魯詩其經云陽如之何申公以陽爲予故引之云今巴濮之人自呼阿陽者以時驗而言也

肅延誘薦餤晉寅藎進也 禮記曰主人肅客詩曰亂是用餤王之藎臣易曰晉進也寅未詳○餤音淡藎音燼 疏 肅延至進也○釋曰皆謂進道延者

公知之告皇野曰余長魋也少長育之皇野司馬子仲○長丁丈反注同少詩照反今將禍余請即救司馬子仲曰有臣不順神之所惡也而況人乎敢不承命不得左師不可左師向魋兄向巢也○惡烏路反請以君命召之左師每食擊鍾聞鍾聲公曰夫子將食既食又奏奏樂公曰可矣以乘車往曰迹人來告主迹禽獸者○迹子亦反疏注主迹禽獸者○正義曰周禮夏官迹人掌邦田之政凡田獵者受令焉鄭玄云迹之言跡知禽獸之處也曰逢澤有介麇焉地理志言逢澤在熒陽開封縣東北遠疑非介大也○介音界麇九倫反獐也本又作麏亡悲反疏注地理至大也○正義曰漢書地理志云開封縣逢澤在東北或曰宋之逢澤也臣瓚案汲郡古文梁惠王發逢忌之藪以賜民今浚儀縣有逢忌陂是也土地名宋都睢陽計去開封四百餘里非輕行可到故杜以遠疑非也蓋於宋都之旁別有近地名逢澤也介大也釋詁文案方言首無耦曰介杜云大者逢澤大處不應唯有一麇若迹人止告一麇不應公喚左師俱獵故以介爲大劉炫以爲一麇而規杜氏非也公曰雖魋未來得左師吾與之田若何皇野稱公命君憚告子難以遊戲煩大臣○難乃旦反下文及注同野曰嘗私焉嘗試也君欲速故以乘車逆子與之乘至公告之故拜不能起

子敬之勞仲梁懷仲梁懷弗敬懷時從桓子行輕慢子洩○勞力報反下同從才用反下從父昆弟皆從王並同子洩怒謂陽虎子行之乎行逐懷也爲下陽虎囚桓子起○申包胥以秦師至秦子蒲子虎帥車五百乘以救楚五百乘三萬七千五百人○乘繩登反注同子蒲曰吾未知吳道道猶法術使楚人先與吳人戰而自稷會之大敗夫槩王于沂稷沂皆楚地○沂魚依反吳人獲薳射於柏舉薳射楚大夫○射食亦反又食夜反其子帥奔徒奔徒楚散卒○卒子忽反以從子西敗吳師于軍祥楚地秋七月子期子蒲滅唐從吳伐楚故九月夫槩王歸自立也以與王戰而敗自立爲吳王號夫槩奔楚爲堂谿氏傳終言之○谿芳兮反下同吳師敗楚師于雍澨秦師又敗吳師吳師居麇麇地名○麇九倫反下同子期將焚之子西曰父兄親暴骨焉不能收又焚之不可前年楚人與吳戰多死麇中言不可并焚○暴步卜反子期曰國亡矣死者若有知也可以歆舊祀言焚吳復楚則祭祀不廢○歆許金反豈憚焚之焚之而又戰吳師敗又戰于公壻之谿楚地名吳師大敗吳子乃歸囚闉輿罷闉輿罷請先遂逃歸輿罷楚大夫請先至吳而逃歸言吳雖得楚一大夫復失之所以不克○闉音因輿音餘又作與羊汝反罷音皮復扶又反葉公諸梁之弟后臧從其母於吳不待而歸諸梁司馬沈尹戌之子葉公子高也吳入楚獲后臧之母楚定臧棄母而歸○葉舒涉反從如字又才用反葉公終不正視不義之○乙亥陽虎囚季桓子及公父文伯文伯季桓子從父昆弟也陽虎欲爲亂恐二子不從故囚之○公父音甫而逐仲梁懷冬十月丁亥殺公何藐藐季氏族○藐亡角反一音彌小反己丑盟桓子于稷門之內魯南城門庚寅大詛逐公父歜及秦遄皆奔齊歜即文伯也秦遄平子姑壻也傳言季氏之亂○詛莊慮反歜昌欲反遄市專反

漢

徵即節

觀堂集林卷十二

二三 劉氏偽政

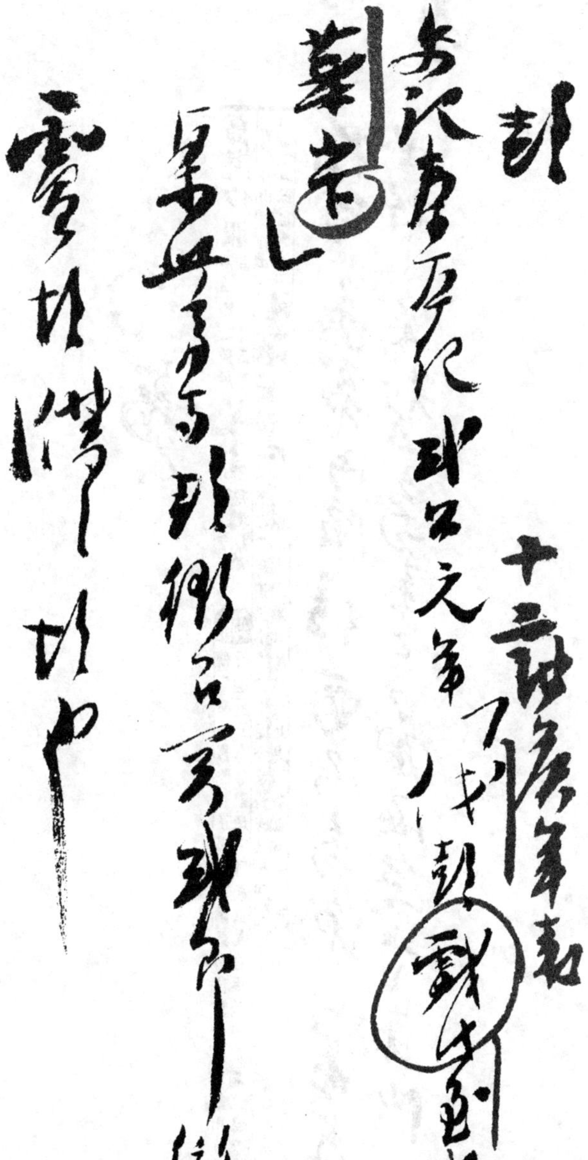

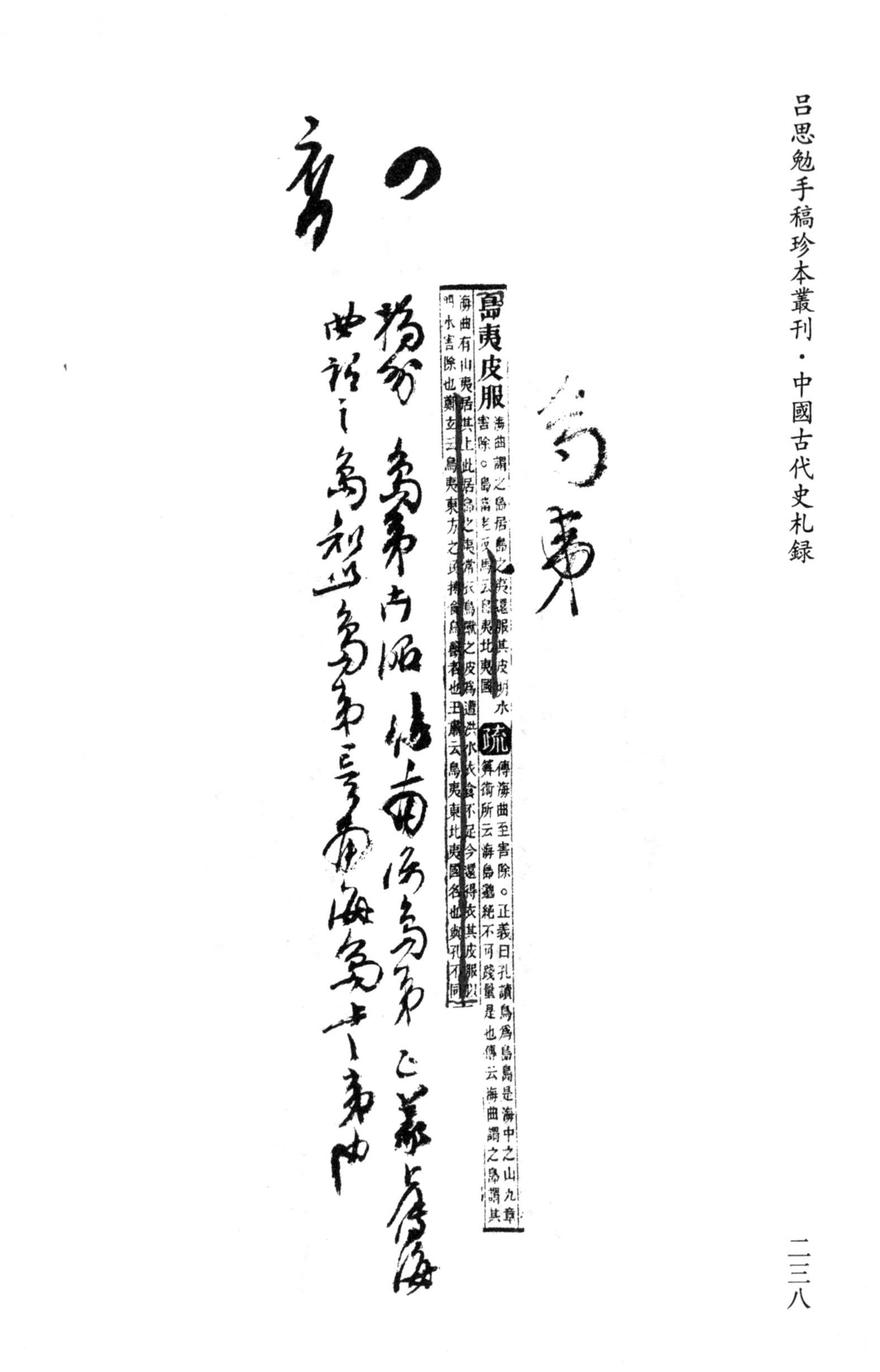

[illegible]

[illegible]

島夷皮服 海曲謂之島居島之夷還服其皮明水害除。島當老反馬云鳥夷北夷國 疏 傳海曲至害除。正義曰孔讀鳥爲島島是海中之山九章算術所云海島邈絕不可踐量是也傳云海曲謂之島謂其海曲有山夷居其上此居島之夷常衣鳥獸之皮爲遭洪水衣食不足今還得衣其皮服以明水害除也鄭玄云鳥夷東方之民搏食鳥獸者也王肅云鳥夷東北夷國名也與孔不同

[illegible]

[illegible]

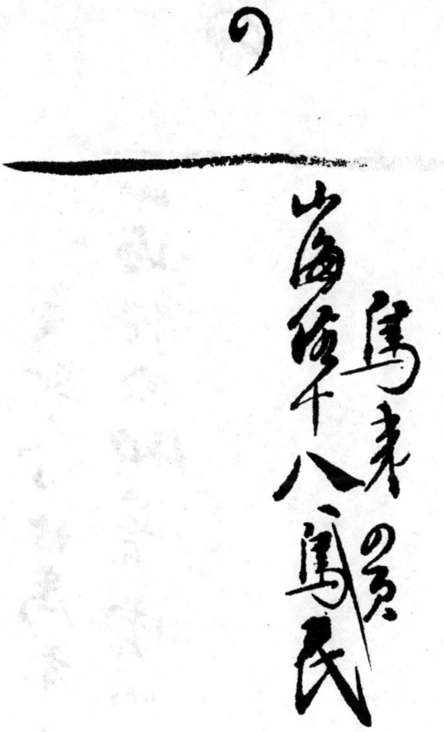

の

一

交趾人以竹爲弓　南人以竹刺獸

山海經西49葉雲山

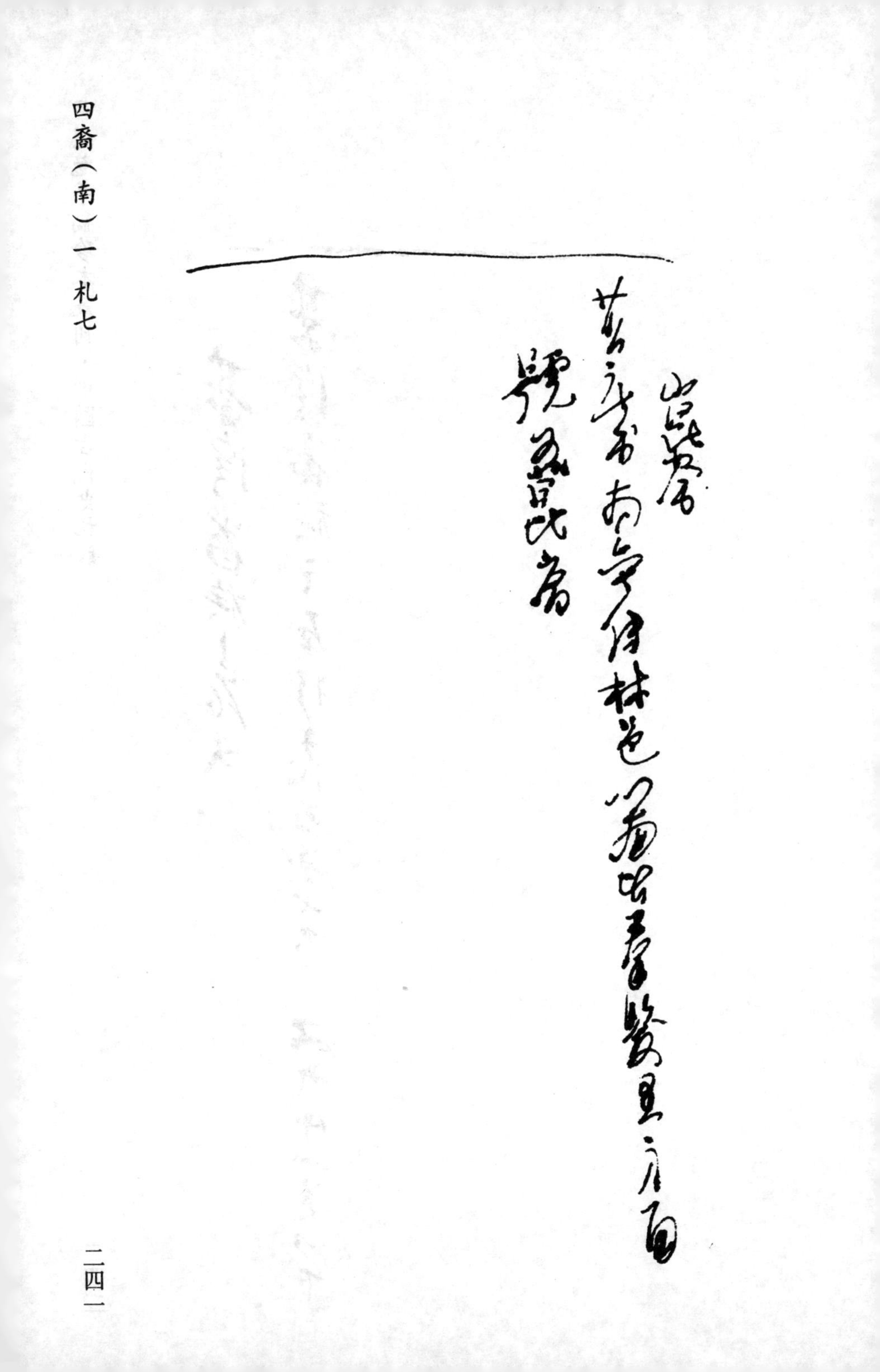

崑北兄啓
[illegible]林邑以[illegible]出[illegible]數里之[illegible]
[illegible]

臺灣番族之歷史

臺灣番族之原始文化　五至七頁　又九十一頁以下

越

安南國君嘉慶廿二十八年

刁越人蘇來逃世己老夫

僕

林之奇郡引昌

花半朵林 卷十四 又之人 夜雨林之奇 鐘波

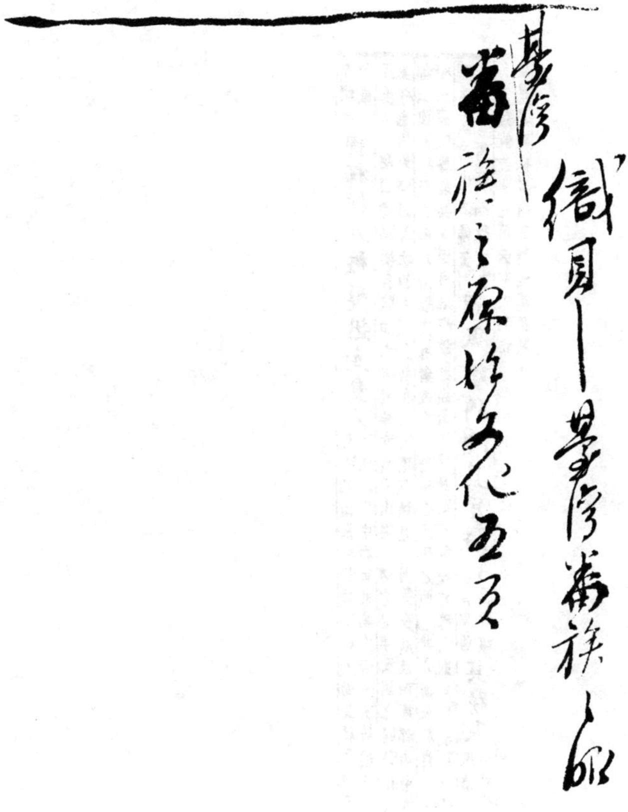

今蝟狀如鼠

狒狒如人被髮迅走食人梟羊也山海經曰其狀如人面長脣黑身有毛反踵見人則笑交廣及南康郡山中亦有此物大者長丈許俗呼之曰山都○狒音費被之備

疏狒狒至食人○釋曰狒狒獸名狀如人被髮疾走食人山海經謂之梟羊又謂之贛䫲臣人周書王會云北方謂之吐嘍郭云梟羊也山海經曰其狀如人面長脣黑身有毛反踵見人則笑交廣及南康郡山中亦有此物大者長丈許俗呼之曰山都云山海經曰者海內南經文也案彼文云梟羊在北朐之西其狀人面長脣有毛反踵見人笑亦笑左手操管交海內經云笑則脣蔽其面因可逃也故郭讚云狒狒怪獸被髮操竹獲人則笑脣蔽其目終亦號咷反為我戮是也云反踵者踋跟反向也大傳云周成王時州靡國獻之也

貍狐貒貈醜其足蹯皆有掌蹯○蹯音煩其跡𠃢𠃢指頭處○𠃢音鈕

疏貍狐至跡𠃢○釋曰說文云蹯掌也此四獸之類皆有掌蹯宣二年左傳云宰夫胹熊蹯是其類也其指頭著地處名𠃢

州廳

右切古達縣之關係于州廳所屬之戰疏衙門

據達寄自上海經海田南經萬國圖縣之

諒了封拆以後云是見聞情形之合録公處

爲我疏此件了十何未定當爲至何月初成

那叔明識憶之誤耶

筆四

丙庚千[illegible]石

東[illegible][illegible]山

星[illegible]向讀隨筆之佚文

璣組即苗人纓絡

癸巳存稿一　禹貢璣組

○壽

「陳平所安常生之由」

列女母似太保傅

賜璠上宿千萬

東島穆立書

李馬奔

乃林鳳之謀見中國近代史上卷四一頁

四裔

越南隔法，以西貢為殖民地，而南東條老家、甘、烟寨四圻為保護國。四圻約二十四省，設九州一府，以下設縣，置以布政使，仍有王。民國廿八年，當其隸六十年，其皇年廿二，在法巴黎中學畢業，歸國五年矣。

漢人官階以越南樞精為最高下
有總番守使有留守使
越南[redacted]學作者春秋之舉極變
小學課文皆以漢字母撰易兩讀

官有司〔集解〕駰案禮記曰天子之五官曰司徒司馬司空司士司寇典司五衆鄭玄曰此殷時制民皆歌樂之頌其德〔索隱〕即詩頌云后稷之孫實維太王居岐之陽實始翦商是也古公有長子曰

太伯次曰虞仲太姜〔正義〕國語云齊許申呂四國皆姜姓也四岳之後太姜之家太姜太王之妃王季之母生少子季歷季歷娶太任〔集解〕列女傳曰太姜有邰氏女太任摯任氏中女〔正義〕國語

摯疇二國任姓奚仲仲虺之後太任之家太任王季之妃文王母也皆賢婦人〔正義〕列女傳云太姜太王娶以爲妃生太伯仲雍王季太姜有色而貞順率導諸子至於成童靡有過失太王謀事必於太姜遷徙必與太任王季娶以

爲妃太任之性端壹誠莊維德之行及其有身目不視惡色耳不聽淫聲口不出敖言能以胎教子而生文王此皆有賢行也生昌有聖瑞〔正義〕尚書帝命驗云季秋之月甲子赤爵銜丹書入于酆止于昌戶其書云敬勝怠者吉

怠勝敬者滅義勝欲者從欲勝義者凶凡事不強則不枉不敬則不正枉者廢滅敬者萬世以仁得之以仁守之其量百世以不仁得之以仁守之其量十世以不仁得之不仁守之不及其世此蓋聖瑞古公曰我世當有

興者其在昌乎長子太伯虞仲知古公欲立季歷以傳昌乃二人亡如荊蠻文身斷髮〔正義〕應劭曰常在水中故斷其髮文其身以象龍子故不見傷害

周本紀

~~[illegible]~~

[illegible]

[illegible]

[illegible]

[illegible]

136
137

[illegible]

海南黄子言賜[illegible]

弟[illegible][illegible][illegible] 一.16

世本

鍾離意賜楷

大修史國史紀一行

芑揩

蓼〻

羣舒偃姓

庸鳩偃姓　此據隱此務兩蓼見自其閒

可考

疑其以舒蓼為其閒地（宣八）　蓼姬姓（文五）

舒偃姓英之年惟見隨書傳之國

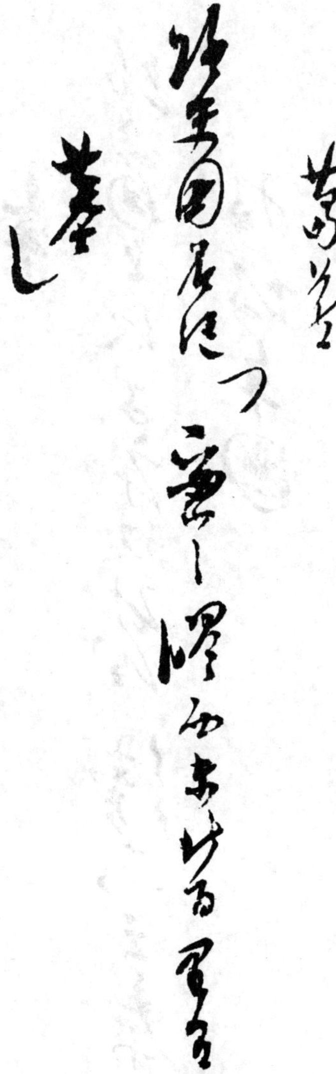

年

始當國之紀 子產秋時[illegible] 傳燕云秦山年

相 植年國

僕區

雜姓

賓（室）

紗安國名紀　一·24

經說

餘說　續說

擬集國史札記一・十四

古巴

鄭譯

此係[illegible]大公[illegible]字[illegible]二年代國鄭[illegible]

鄭[illegible]　鈞[illegible]　德[illegible]

亞一作譯　[illegible]年[illegible]國譯

史事

[illegible]六藝

[illegible]六藝[illegible]至[illegible]

六藝[illegible]同[illegible]一[illegible]卑同一[illegible]

卑[illegible]材于古之六[illegible]

以藝[illegible]六[illegible]

郵

史

鄒穆公之函

愛子春秋

淮南、
江西　合　高駢傳
鍾傳、——羅紹威傳
常優傳
五史甄微　120—121

古夫

閩南各處謹一一檢付三月分行共二以應東瀛故

新巢別錄繕稿一又國朝先德錄之也

「帝乙命王季爲西伯，至紂又命文王典治南國江漢汝旁之諸侯」

詩譜

一似周先服南方以圖紂，故隔不能援

四裔

趙裳

水樣溫明信　卅六·二·廿二

儒經互異同

[illegible]

南

偉徒武康

那攝河那汪　廿五、廿

秦破楚取洞庭五渚

水經湘水注 卅八、十五

范鑫宗人、陳夢花華家

承擔消耶法 卅一・十二　夏耶法 卅二・十六

世本羅熊姓國　左桓十二正義

案作雒　三叔及殷東徐奄及熊盈

以畔　凡所征熊盈族十有七國俘

惟九邑　熊疑楚之

雁之從

水經江水注 卅四・十一

湘水注 卅八之十四

淯水注 卅一之十一

英偃姓舒庸舒蓼舒鳩舒龍
舒鮑舒龔
應劭偃姓皋陶後
路史少昊後偃姓舒國
徐之邀巢偃姓之國
偪陽妘姓見左襄十

淮南嬴姓

見世本

漢志臨淮郡徐縣故國盈姓

晉
盧循以遺　張世傑之遺民及其
裔。日印度支那半島之人流
徙至此

猺

廣東之猺出自廣西居連山附近

權

在廣西分生與　記載殊欠清晰

以致此不可考

輋

潮州原始

畲

福建汀州　浙江括蒼山

啓族

在廣東〻江 東莞時因本姓〻〻亂

南遷

○商

以人爲犧初世食人事

以人埋以己所好祀神也

四裔

蠻氏城

水經汝水注 21/2

四爵

廣東浮東湖置抽關

山種江湖津 四之二

廣東

東湖津 卷十二

四、商

夷最仁字從人

此據說此注 卅三·十一

四裔

苗谷 三苗所屬

水經渭水注 1717

三邦即三苗

癸巳存稿一　荆州三邦

四裔

海康訊：海康縣第七區東海仔地方近日發見不明種系之野人兩名，均面目猙獰，遍體生長毛，臂間長尾翹然，語聲啁啾莫辨，鎮日採摘田野果實充饑·夜宿田野，或岩穴內，身上并無衣褲，僅懸布袋一·昨在東瘵村邊覓食，鄉人紛集向之盤詰，均無法通語，搜其布袋，見貯有獸蹄皮及生牛肉等·爲其生啖所餘者，鄉人畏其悍野，疑若輩啖人，咸莫敢近云·

卅四、六、廿五 上海新聞報

四裔

蠻夷

九黎王逸作傳時屯宗東蠻夷　業陳

人人稱之多用當時地名矣　不知九黎

殛命

陽信某於介胄行夫婦而攻城南

當世之事

廣東人遷趾 海門点呂

吳越文化論叢 251

吴越春秋越王無余外傳鯀娶於有莘氏
之女名曰女嬉年壯未孳嬉於砥山得薏
苡而吞之意若為人所感因而姙孕剖脅
而產高密家於西羌地曰石紐石紐在蜀
西川也

第一章 亞洲西方的開化

第一節 古代的印度

世界文明起源之地有五(一)西北美洲的文明[redacted]獨立在西半球(二)埃及和(三)小亞細亞的文明則為西洋文明的起源都和東洋史無涉已見緒論中(四)中國文明屬於本國史的範圍此外則我們要編東洋史自然要先著筆於(五)印度文明了

印度是亞洲西方的一个大半島我們試翻開地圖一看就可發見其東北以喜馬拉雅山脈和興都庫什山脈和西藏高原為界西北以蘇里曼山脈和阿富汗俾路芝分界其中央則有溫地亞山脈橫亘東西溫地亞山脈之南又有東西高止山脈[redacted]海岸喜馬拉耶山地之南索高山頂經年積雪西方[redacted]高原則以西國以山脈交通不便中多毒蛇猛獸印度的文明所不問而知其必發生於恒河和印度河[redacted]流域了

恒河和印度河流域相連接而成印度平原兩旁大氣候濕暖地味膏腴交通便利其時當然發生文明自不待論但在太古時代開文明的曙光的還不是本地的住民而是外來的種族——印度阿利安人(但據現在的研究[redacted]阿利安人還未侵入印度之先印度的住民凡有三族即(一)哲伯特[redacted](二)蕃葉利[redacted]言兩種人都是由東北來的(三)達羅維荼[redacted]則是從西北方來的在此等人之先尚還有所謂達羅維荼族[redacted]從阿利安人侵入印度以後這許多民族都受了他的壓迫而退處於西北兩方的山地了)

阿利安族其初大约是住在咸海裏海[redacted]一带的，后来乃至西下[redacted]西徙的入西亚，西南徙的入波斯，东南徙的入印度，其时约在西历纪元前二千年。经阿富汗东部经略南河流域的低地而至印度河上流，是印度最繁要的学知交通之路，古代的阿利安人[redacted]亦由此而入印度

印度的文明在世界史上可以说极有特色，但是其人对於历史的观念却极为薄弱，以其古史在世界各国中最暧昧。大[redacted]甚其事迹只散见於の吠陀和马哈巴拉他、拉马耶那两家的史诗中。（了）史家人称西历之第十の世纪以至第六吠陀时代，自此至第七世纪为史诗时代

阿利安人南下以后，居於旁遮普地方，其和土人争战之迹已无可考。此时阿利安人南[redacted]徙[redacted]时代分为许多小部落，其部落大多数仍石器，亦能造木器和木舟，以树皮为衣，又用[redacted]業居舍，则穴居[redacted]插，经过久的岁月，渐渐进入农业时代，至[redacted]纪元前千の百年顷[redacted]遂自旁遮普[redacted]东进而入於恒河流域。此时的文明已远较[redacted]先时为进步，在恒河流域有许多城邑村落，仍分为许多小国，战争之事时起，都散见於吠陀和[redacted]史诗中，但在此时代之中，印度河流域的情形却甚为暧昧。至纪元之[redacted]前一千年之顷，[redacted]文渐渐南下而达於半岛部，阿利安族的文明[redacted]敷衍於印度全境了

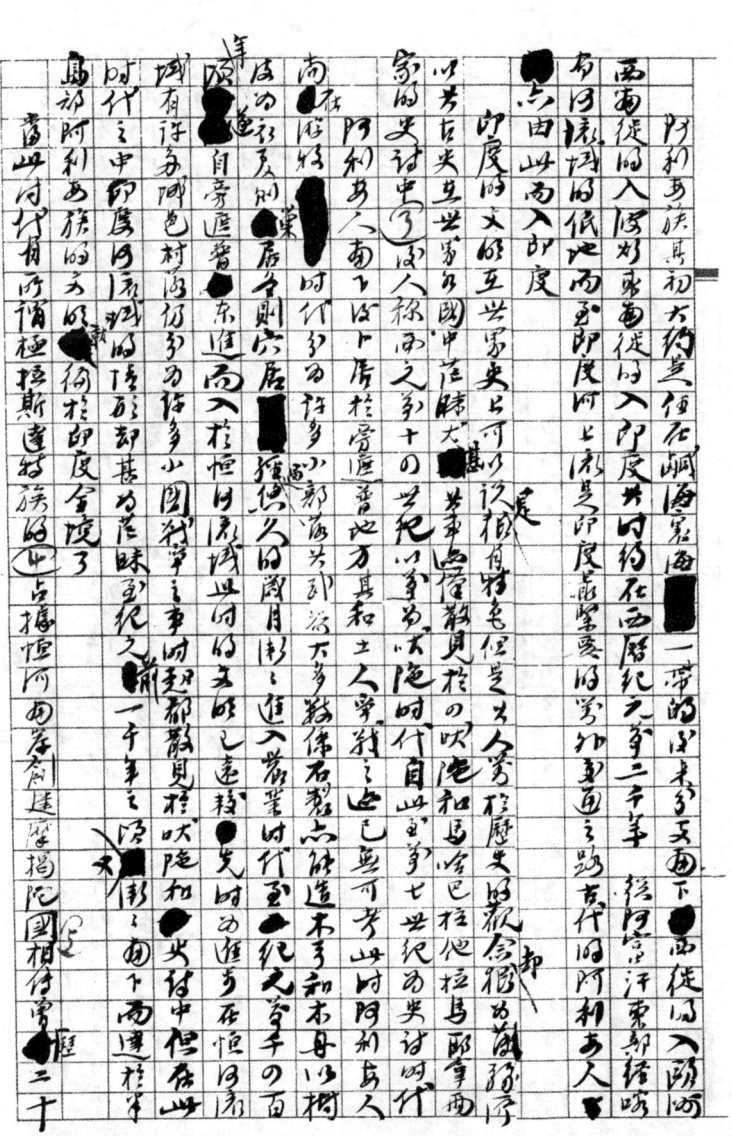

当此时代有所谓极极斯达特族的（中）占据恒河两岸，创建摩揭陀国，相传曾[redacted]历二十

八王至西元前六百年，乃有所謂迷蘇那伽朝者起。迷蘇那伽於六稍新摩揭陀國之[redacted]東四代頻婆沙羅王(8)統稱摩揭陀的英主，當其在位時，其勢力南至寫都耶山，北界恒河，東至瞻波，西至安那[redacted]一时[redacted]稱為強國。頻婆娑羅子阿闍世(9)原注阿闍世亦稱英主，征服恒河流域，稱霸東印度，並在現在的巴特那（拿）地方建立華氏城，闍世遂自王舍城遷都於此(10)。迷蘇那伽經二紀，於前三七〇年，難陀王朝(11)繼之，傳九代，約五十年，而亞歷山大之禍(12) (6)

(1) Arians (2)(A)梵伯特Tibet，屬藏緬族，由東北方越喜馬拉雅山而來，現在[redacted]喜馬拉耶山麓之關外及什米尔、尼泊尔、不丹的人民，大多數屬此族(B)。葛萊利Kolarian[redacted]亦自帕米爾越峻嶺而來，多布在孟加拉境，後為阿利安族所迫，退入中[redacted]南印度的高原[redacted]達羅維荼Dravidian則自西北方入印度[redacted]現在仍在高原[redacted]東北山脈中(C)達衍於旁遮普(13)[redacted]後亦為阿利安人所逐，退入西部高原。達羅維荼人膚色以外，體貌很像歐洲人。其先達羅維荼族Pre-Dravidian則軀幹短小，鼻甚扁平[redacted]種族系統不甚明白。有人疑心吠陀中所説無鼻之人，即系指他們。此等人都在石器時代即為阿利安族所征服，但至今日其户口總數尚与阿利安人略等(3)[redacted]四吠陀[redacted]

四裔（南）一 札八

[redacted]見前三節馬哈巴拉他 Mahabalata 拉馬耶拿 Rámáyana

④ Jarásandha ⑤ Magadha ⑥ Sisanága ⑦ Bimbisará ⑧ Sona

⑨ Ajātasatru ⑩ 賽蘇那伽朝都於舊王舍城在伽耶山附近 ⑪ Nanda ⑫

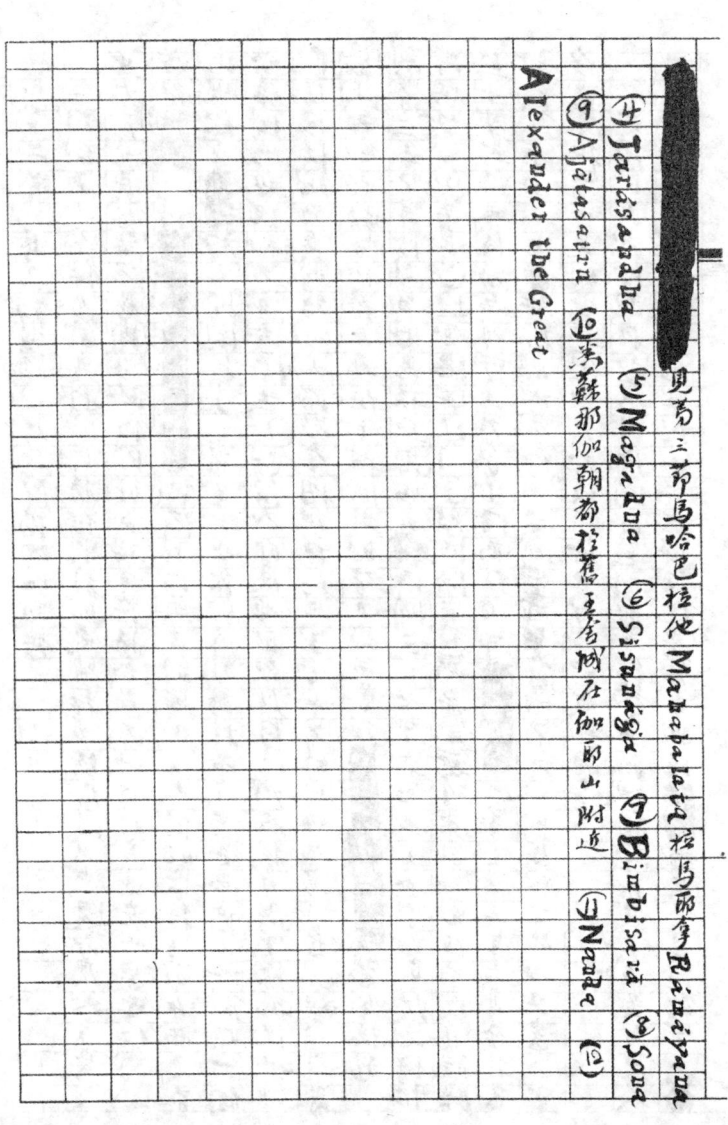

Alexander the Great

第二节 馬其頓侵略印度和摩揭陀的勃興

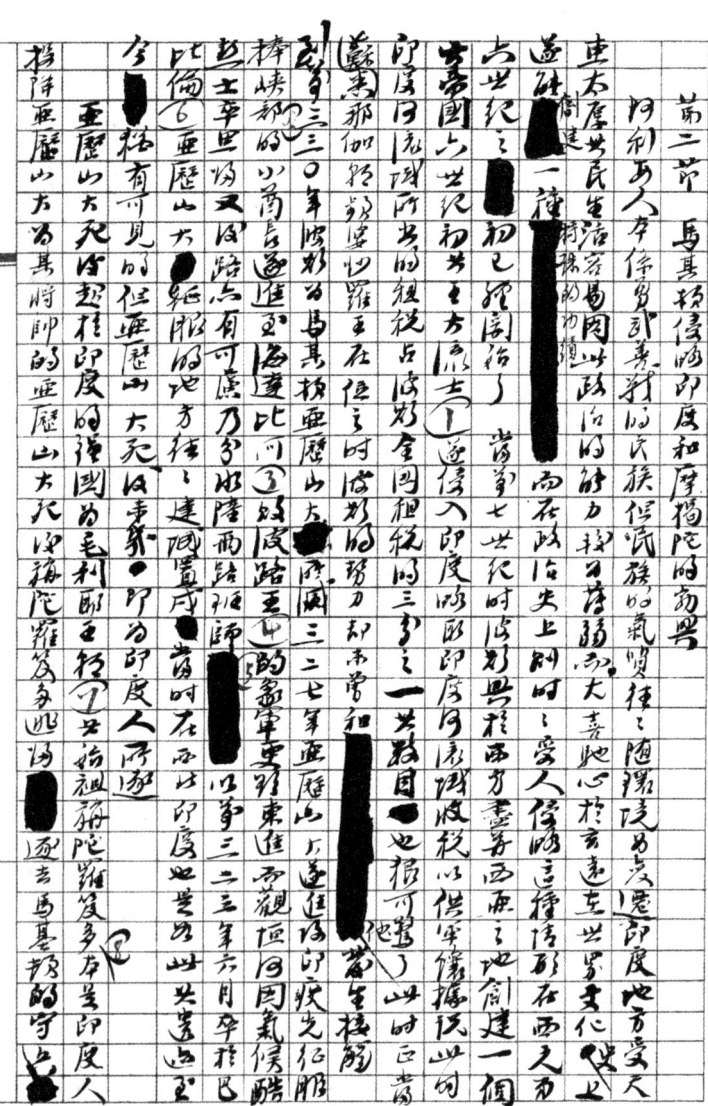

阿利安人本係勇武善戰的民族，但這民族的氣質往往隨環境而變遷。印度地方受天惠太厚，其民生活容易，因此政治的能力極為薄弱，而大喜馳心於玄遠之世界，文化史上遂能[redacted]創建一種[redacted]特殊的功績，而在政治史上則時時受人侵略。這種情形在西元前六世紀之[redacted]初已經開始了。當第七世紀時波斯興起於西方，盡有西亞之地，創建一個大帝國，六世紀初期其王大流士(1)遂侵入印度，略印度河流域，收稅以供軍儲，據說此時印度河流域所出的租稅占波斯全國租稅的三分之一，其數目[redacted]也頗可驚了。此時正當悉蘇那伽頻毗娑羅王在位之時，波斯的勢力卻未曾和[redacted]他發生接觸。到前三三〇年，波斯為馬其頓亞歷山大[redacted]所滅。三二七年，亞歷山大遂進向印度，先征服捧峽部(2)的小首長，遂進到海達比司(3)，敗波路王(4)的象軍，更要東進而觀恆河，因氣候酷熱，士卒思鄉，又從路亦有可慮，乃分水陸兩路班師[redacted](5)，以前三二三年六月卒於巴比倫(6)。亞歷山大[redacted]經略的地方，往往建城置戍[redacted]，當時在西北印度也是如此，其遺跡至今[redacted]猶有可見的。但亞歷山大死後，事業[redacted]即為印度人所逐。

亞歷山大死後起於印度的強國為毛利耶王朝(7)，其始祖旃陀羅笈多(8)本是印度人，據說亞歷山大為其將帥的，亞歷山大死後旃陀羅笈多遂將[redacted]逐去馬其頓的守兵[redacted]

[redacted]憍賞彌西北西印度邊國摩揭陀的難陀王朝而代之建都於[redacted]城[redacted]時為紀 華氏

元前三二〇年至三〇六年而敘利亞西塞留孤（王）來侵旃[redacted]陀羅笈多擊破之與之講和

娶其女為妃並割其印度河以東之地的年塞留孤遣使駐紮摩揭陀國的都城此駐使曾

著書記載當時印度的情形最有一部分[redacted]流傳於後所以印度當時的情形後人略有所

知而旃陀羅笈多的年代也能知其確實據其所記當時的摩揭陀國設有六官（一）管工[redacted]

[redacted]藝[redacted]（二）[redacted]接待外人（三）主人民登耗及財稅（四）司度量衡[redacted]管理[redacted]品（五）管理工

業品的買賣（六）管理市價和商稅其[redacted]軍隊[redacted]分為步馬象車水師輜重六種[redacted]

[redacted]其規模很有可觀有馬三萬象九千步卒六十萬並分置地方官

修治道路開濬的川則量地面徵收的租稅[redacted]了　旃陀羅笈多在位凡廿

四年卒子頻頭沙羅立在位三十年卒子阿育王立阿育王當父在位時為其父所遣鎮

邊於外發治的疾地而歸壹敬其誠見弟其行事亦甚為暴虐所以人稱為旃陀阿輸迦[redacted]

[redacted]但是後來[redacted]行為善　歸依佛教盡力[redacted]布[redacted]　而且　佛

同世佛經中多記其事積極的印度在世王　有名的人了

當阿育王之世正是印度文化最發達之時[redacted]在[redacted]而[redacted]之第七世紀[redacted]至第印度的文化

還限於恆河上流[redacted]第六百年以後[redacted]推原其故蓋第此[redacted]

於東南兩方面新開的發展起來

饒梅

文明中心地方的帝國，對西部的人民多有參與的歸附以[redacted]深遂的[redacted]的

文代摧動[redacted]又因戰爭劇烈之故，而戰士之

族特別抬頭，又因經濟進化之故，而佛經中所謂長者居士等富有之家，亦同時興起。社會的

情形既發生相當之變動，而[redacted]

[redacted]從古相傳的婆羅門教[redacted]就不足以維繫人心。學

說學與佛教[redacted]廣播興起，替印度的文化發放萬丈的光芒了。

其事

其地

(1) Darius (2) Panjab (3) Hydasyes (4) Poras (5) 亞歷山大[redacted]親東

船筏下海達比河，以舟師攏其將奈巴加斯Nearchus使覓海外之地，自沿海岸由俾

路芝越波斯還巴比倫 (6) 當時亞歷山大的都城 (7) Mauriya[redacted]亦譯孔雀王朝

孔雀為孔雀梵語Moria之音譯，所以亦稱孔雀王朝 (8)[redacted]即月護王Chandrag

upta (9) Seleucus 參看第 章第 節 (10) Bindusara (11) Asoka (12)

見阿育王經另一種[redacted]陀為基督教所云義阿輸迦即阿育[redacted]印度佛教史略[redacted]本

萄下第一章第二節第四段 (13) 四姓的次序本婆羅門居前，而據巴利文佛教史料則

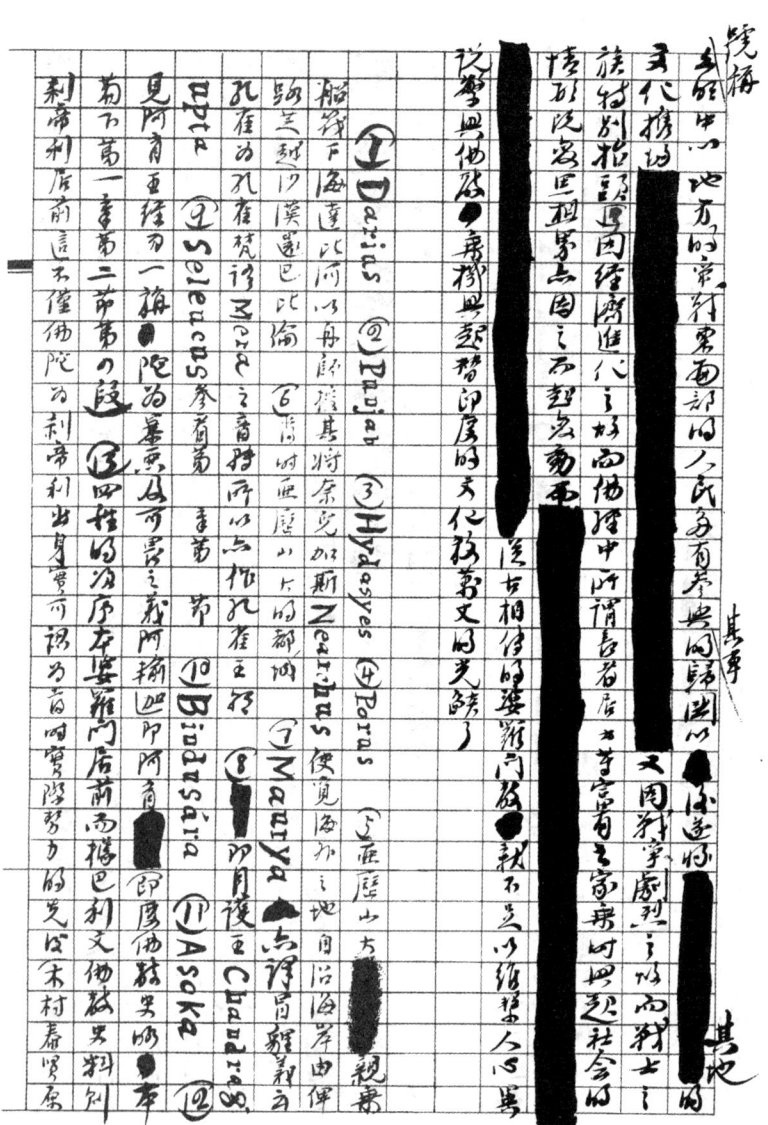

剎帝利居前，這不僅佛陀為剎帝利出身，實可認為當時實際勢力的先後（木村泰賢原

始佛教思想論第一篇第二章

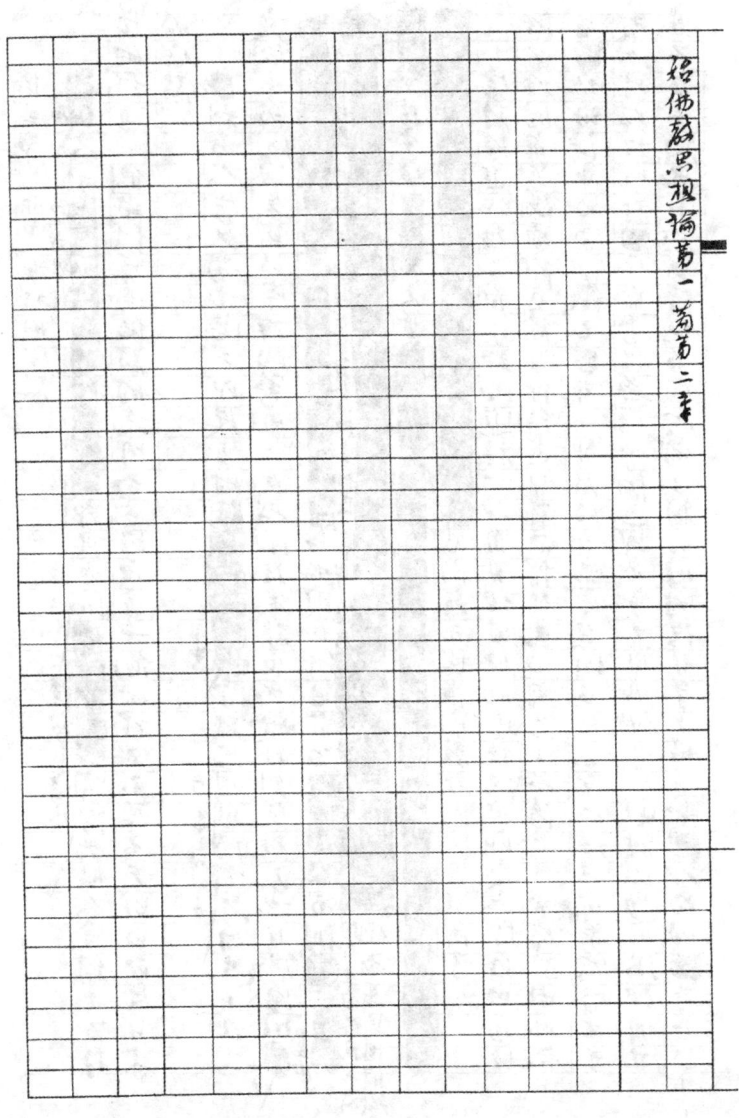

第三節　印度古代的宗教

[redacted]西元之前（五六世紀時）[redacted]印度的（種學）[redacted]（競起爭鳴的）究歷史的人材猶之為指
學時代，這一個時代實是佛教的先河，而要明白這一個時代，又不可不先明白印度古來
的宗教。

[redacted]利安人當其尚未遷入印度之時[redacted]其宗教思想與他宗教同，其族行父
家制之族，以祖先既為崇拜的對象，其亦限於家族之中，此外別崇拜天地日月及風雨的[redacted]
[redacted]和中國古代的宗教[redacted]頗為相[redacted]
[redacted]化，而其思想日趨玄妙
[redacted]中於宇宙[redacted]人皆[redacted]
[redacted]的問題，而婆羅門教就漸漸的形成了。

宗教的進化，往往自多神而進於一神，自具體的神而進於汎神。印度亦係如此，初時
所崇拜的自然現象，雖然雜多，但稍進即有所謂梵天，稍高像指太陽，以為萬物皆由此而
生[redacted]於諸神中為最高[redacted]已[redacted]有一神教的意味。更進則以梵為宇宙的本體，萬物皆生于
梵，亦皆歸於梵。於[redacted]宇宙萬物無所不攝，遂成為普在的汎神了。此種總於的汎神自然
是不生不滅，而且離去言說名字心緣之相的，同時係哲學上的見地[redacted]外物的[redacted]存在都

空[redacted]於神的認識外物爲而我則不爲一切若有[redacted]都是心所造之上沒有這認識外面的事物，就可刊消滅了

心[redacted]自悟甚慧學也另雖與本體分離誰以[redacted]與本體[redacted]空一[redacted]也另離得[redacted]圖擬盡

因此說

[redacted]

[redacted]這是印度各種宗教各種學術同注重於修持的原因

印度古代的聖典即所謂の吠陀の吠陀之中以梨俱吠陀為最古[redacted]耶[redacted]婆摩吠

陀夜柔吠陀都是引用或以梨俱吠陀為本而新作的，至於阿闥婆吠陀則是編輯種種方

術而成的和宗教[redacted]的關係較為淺薄了。大概在紀元前一千年印度的經典

只有[redacted]吠陀，其後哲學思想[redacted]特別發達[redacted]前五百年遂有所謂婆羅摩那

又有所謂阿蘭若迦（婆羅摩那譯言神學，而難以神學為本而其所研究的範圍實在很

廣。阿蘭若迦譯言林中，方緣當時專司宗教的婆羅門[redacted]至年老則隱於林中，此書所言

為其居林中時祭祀的法式，所以以林中為名。但其中涉及哲學[redacted]之處已很多，後來就把

他選出名之為優婆尼沙曇（[redacted]譯言哲學婆羅門書[redacted]的意味[redacted]隱厚很高，而其程度亦高了

印度阿利安族本來沒有種姓之別[redacted]當其在印度河流域時即已有社之事[redacted]由其簡易

至村[redacted]（付其部下祈禱）的事内宗教的發達而祭祀的儀式術趨繁瑣哲理的探討亦益高深其勢不得
不有專司其事的人而征服和被征服的階級亦隨戰爭及政治的進化而衝突益峻於是
其學術於恒的階段之時就有婆羅門刹帝利吠舍首陀の種之姓之别（一）婆羅門司祭祀
刹帝利[redacted]事戰爭吠舍事耕桑首陀服賤役印度最古的法典[redacted]之摩拏法典[redacted]說婆羅門
是從梵天之口而生刹帝利自其臂而生吠舍自其股而生首陀自其足而生此項法典據
學者的考究實成於紀元以前二世紀之由然其内容則並非此時之捐[redacted]
[redacted]可見當由來甚久[redacted]羅門既借宗教以自為其種姓造階級於是剎帝士占勢力之時
就不免（要裁制）[redacted]不滿而對爭權大菩の級[redacted]種姓增多經濟進步第三級[redacted]
[redacted]種姓的社會勢力亦日形膨脹[redacted]大不程不
說就是婆羅門種姓也有不以本階級偏狹之念為然的（四）於是新說繁興古來宗教的權
威日益墜落而佛教勃興的機會就到了

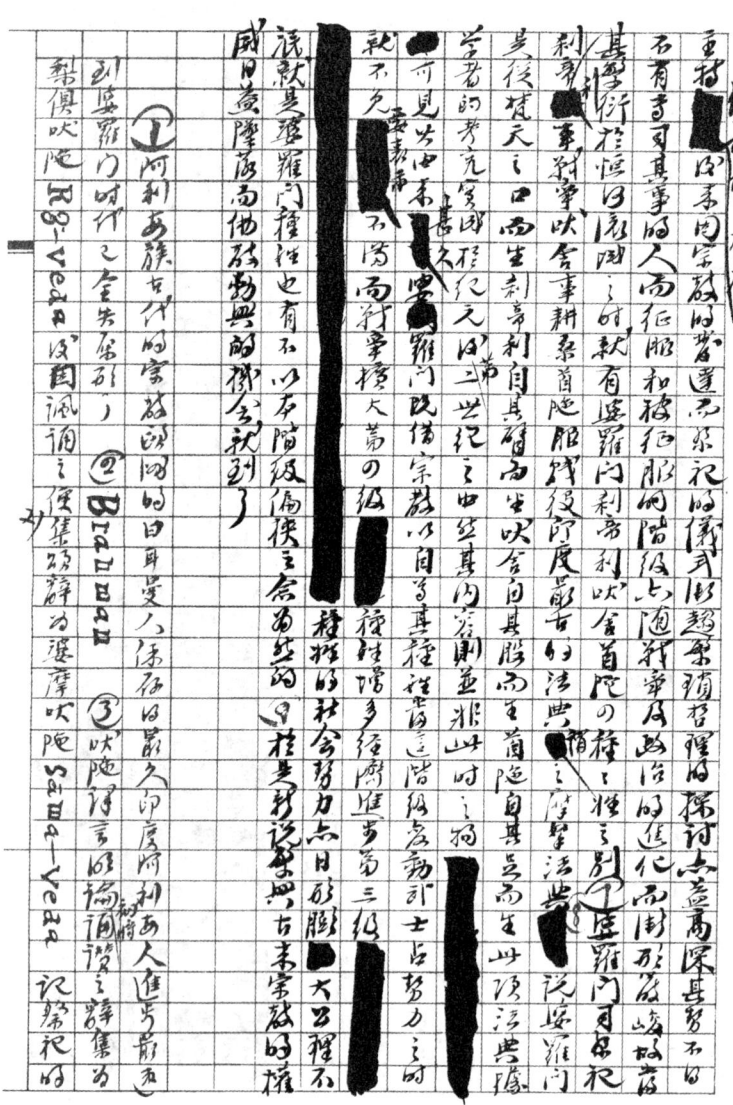

（一）阿利安族古代的宗教頗明的日耳曼人保存的最久印度阿利安人進步最速（初時）
到婆羅門時代之全失原形了 （二）Brahman （三）吠陀譯言明論謂讚之辭集為
梨俱吠陀 Rig-Veda 以圖諷誦之便集（妙）祝辭為娑摩吠陀 Sama-Veda 記祭祀的

[redacted]稱夜柔吠陀 Yajur-Veda 其無関祭祀的則稱阿闥婆吠陀 Atharva
-Veda 譯云禳災明論和吉相伴的呪術因素在醫学及種々應用的技藝亦極雜其中
⑦婆羅门 Brahman 刹帝利 Ksatrija 吠舍 Vaisia 首陀 亦譯作戍陀羅 Sudra
⑧ Manu ⑨ [redacted] 因哲学的研究較深婆羅门中亦分派別

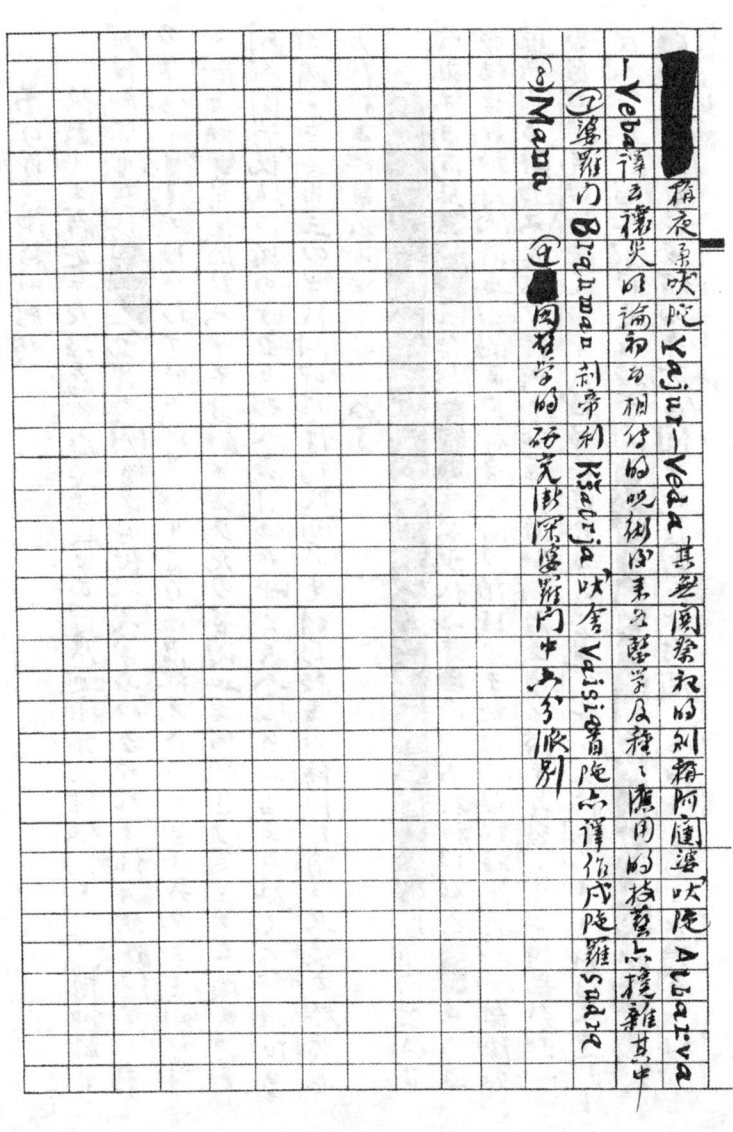

第四節　佛教的興起

佛教之主釋迦牟尼，姓喬答摩，名悉達多，為印度迦維羅衛淨飯王之子。（1）據佛教中相傳的衆聖點記[redacted]（2）其入滅實在西歷紀元前四八五，即孔子作春秋[redacted]絕筆之第四年。佛之生年存疑，中年歲約在八十以上，則其降生當在西歷紀元前五七〇至五六〇年之間，正當中國春秋[redacted]葉。佛感於人生不能離生老病死的苦，因此出家修道，以年三十五成正覺，到處周流說法，經過四十五年而入寂。自佛在世至其入滅後二百年，其教已大行於恒河流域。公元前之第三的世紀間，印度摩揭陀國的毛利耶朝國加保護，阿育王更盡力推廣，就大行於各地[redacted]而為世界的宗教了。

[redacted]婆羅門教的哲學派不高尚，其[redacted]究係從[redacted]宗教蛻化而來，[redacted]所以篤於神的觀念[redacted]甚為廣重。法出於祂們所要求的是與神合一，所以很注重于祭祀，而祭祀的儀式極其繁瑣，非婆羅門不能通。又其教中經典亦非盡人所能解，於是有不滿于其教義之束縛[redacted]競起而由自由研究。此種研究和平民較為接近，而希望發見宇宙之真理和人生之歸宿，又是印度人最興到的要求，於是各種學派[redacted]國所謂哲學時代的奇觀。（3）這個正和我國春秋戰國之際諸子百家之並興有些相像。

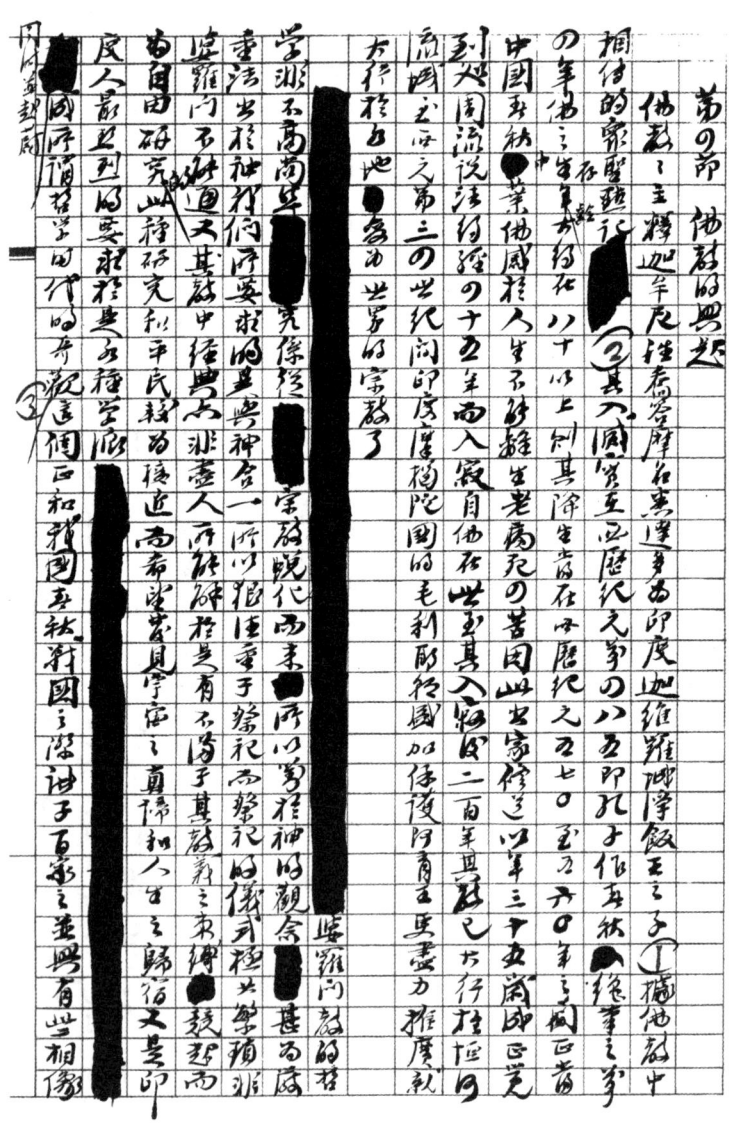

同時並起一派

不過我[redacted]人所注重的是[redacted]實際的政治社會問題，印度人所注重的則偏於出世的宗教哲學問題罷了。而佛教在印度的盛行實不和儒教在中國的盛行有些相像[redacted]我們[redacted]探求宇宙的[redacted]真諦雖亦可以[redacted]說是出於好奇之心，然而總不免有[redacted]人生[redacted]歸宿之念——[redacted]人是宇宙間的一物，非得將宇宙的真相弄明，以知人所以自處之道[redacted]是破的白[redacted]人所以自處[redacted]不待言而解了——佛教以外的外道，他的哲學思想，比之佛教如何，我們不是哲學或宗教家，自不敢妄加評論，但是從社會的風氣上看來，其說紛然，更使人益感無所適從之苦，而且各種說法中有近乎詭辯的，其修持之法[redacted]又有近於極端的[redacted]未免要增人生的苦悶，當此時代綜合諸說而為之裝示人以殘廢的[redacted]實在是時代迫切的要求。我們不是宗教家，都不願素的許多[redacted]奇怪靈異之說[redacted]未[redacted]附會佛陀，我們只願意藉他為時代的聖哲化導於無益人生之超虛空的問題，則當置不論不議之列，而極端的行為如苦行及[redacted]厭世外道等[redacted]皆斥為不足取，而唯說切於人生的[redacted]四聖諦以示解脫的正路[redacted]失所馮依，惶惑無主的印度思想界[redacted]為的不類之[illegible]，所以雖闢宗教的範疇，佛和佛所斥的外道在印度思想界上原是占同一的位置的，然而佛教卻能取得獨高的地位，這並非偶然的事，因為從婆羅門教失其維繫人心的權威以來，他家都只能破壞，佛教卻

佛經本建設

婆羅門之教是法出於神的，佛教之所謂法則存於宇宙之間，推存於人的自己体性

[redacted]脫俗佛陀的人，依其所指示而為法，信行自然要覚得其親切而有味，而容易成為佛教

[redacted]的信徒了。其部雖在印度有所謂沙門[redacted]其組織本是承襲婆羅門的遁世生活而來的。

⑦佛教則又有特有[redacted]僧伽[redacted]剃度三[redacted]衣一鉢，捨財出家，遵守佛所定的戒律，行乞以

宣傳佛陀的教旨，普遍佛陀[redacted]示寂未久，其偉大的感化力遂存在於印度人心坎中之

時，自然佛教的流行遂一日千里了。

①釋迦的種族之名，其族在羅泊提河 Rapti 的東北盧呬尼 Rohini 今 Kohana

河間有一小的市家而為一小城[redacted]之都，河西北的劫比羅伐窣覩 Kapilavastu 即

迦維衛城，嘗有努力印釋迦牟尼之國。西歷一八九八年佩晃 W. C. Peppe 於尼泊羅

Nepal 南境北緯二十七度三十七分，東經八十三度八分之地，掘得一石櫃，中藏石瓶

石函，普藏有一瓶，鐫於鐵的品等，層疊的函內以黃金華葉為置佛骨，觀其銘則佛舍利

之函，為釋迦族所供養，與法顯所說迦[redacted]維羅衛之地正合，因此得定佛的生地（呂澂印

度佛教史略[redacted]本篇上第一章第一節[redacted]佛所建國三國志の東傳引錄略）

丙戌侍作臨更達琳辯正論引作臨伎臨婆 （2）

（3）據佛經所傳當時外道共有近百其說不盡可考推數論瑜伽六師外道等較著可參看木村泰賢原始佛教思想論第一篇第二章 （4）謂苦集滅道四諦之本體為苦所以致此苦[redacted]之因為集對惑而得解脫為滅解脫之道為道真實不虛為諦の共同聖所見知故稱聖諦可參看原始佛教思想論第一篇第三章 （6）Saddha 為[redacted]具有特種主義的教團組織見原始佛教思想論第一篇第二章二之乙 （7）婆羅門生活可分の時期第一期為修學時期第二期則娶妻生子至其子已得滿足的教育則入於第三期出家為獨坐沈思苦修肅的遁世生活至第四期則感年老禁到的乞者比丘（Bhiksu）絕一切社交屢一切祭儀思維觀察自己的真性以期冥合於梵天（加藤玄智世界宗教史第三編第五章第二節） （8）三衣謂上衣中衣下衣見五分律

第五節　佛教的流行和阿育王的事業

從前學者，佛入滅後二百年，佛教的流行還只限於恆河流域，而其廣被於各地，必有待於阿育王的傳布言。這可見宗教有時不能不藉政治之力為扶助，而阿育王亦自有其不可磨滅的功績了。

釋迦在世時，佛[redacted]弟子的言行，即以釋迦為法，所謂佛法是。一到釋迦入滅以後，對於教是法的釋迦已沒有了，如法修行之人，時時所遇修行困難的，於是不得不將佛所說之法，以及其為四[illegible]所制定之律，記憶書寫保存起來，以為[redacted]的標準。這種記憶書寫之事，是不能委託之於一兩個人的，乃聚集佛的信徒，互誦所聞，每一條誦出，必須[redacted]大眾公認，[redacted]乃認為真佛說，而加以編纂保存，此之謂結集。第一次結集，即行於佛入滅之年，其地點在王舍城，為之主的，是佛弟子大迦葉。此時佛教未有派別。第二次結集，行於毘舍離，耶舍主持其事的是耶舍陀。這時候佛教就出了上座部和大眾部的分派，為異日大小乘分道揚鑣的根源了。這佛教分派之事，容後再行詳論。現在且先說阿育王傳布佛教之事。

毛利耶朝的[redacted]等信佛教，不起於阿育王，其開國之主月護王，即已如此，但到阿育王而更為積極。阿育王的初年，行事是極為暴虐的，所以又有惡阿育之稱。[redacted]即度而後的經典，稱保護佛教的阿育王為法阿育，與這惡阿育判為兩人，但據近人所考究，則經即

係一人，因其爭位篡奪不同而稱謂亦隨之而異⑥。阿育王初雖篡奪，但其登位以九年南
征羯陵迦⑧，殺人太多，自覺不合于理，而其時適有高僧加以感化，遂棄其所信的婆羅門
教而信佛。信佛之後，戒絕田獵，多建佛寺，自行巡禮佛蹟，訪問有德沙門，在近畿地方每
五年，於僕國每三年，必開一次大會，聚集許多佛教徒，併其地[redacted]多[redacted]接觸的機會[redacted]羅
阿育王十三[redacted]至十八年曾廣勅令告誡人民，說真正的勝利在宗教而不在武力。其勅令刻
諸石碑，現在還有存在的。而其關係尤大的則[redacted]置大[redacted]法官，移於地方及廣遣傳教傳教
而來。阿育王的派遣大正法官事見石碑。據此石刻，則敘利亞、埃及、馬其頓
等國在派遣之列也，以健馱羅[redacted]迦濕彌羅、錫蘭等國更不必說了。派遣高僧傳教事在
第三結集以後[redacted]印度的……萬部是[redacted]不事生產，巡遊
說法，學人僧眾的。此時因王信護佛教，外道皆感衣食之苦，多有冒歸佛教徒中，於
行其所信的，王乃大加淘汰，令外道都不還其教，大眾集[redacted]人於華氏城為第三次結集。
結集之後，以上座目犍連帝須提議，遣使于外國傳教，據善見律所傳，此傳布所至之地
亦甚廣，而其最為重要的則印度東南的所謂金地，即今緬甸之地，以及東島南[redacted]諸的[redacted]
[redacted]師子國，即今錫蘭。這兩個地方就是保存[redacted]原始的巴利文佛典，而為現今研究原始佛
教者所取信的

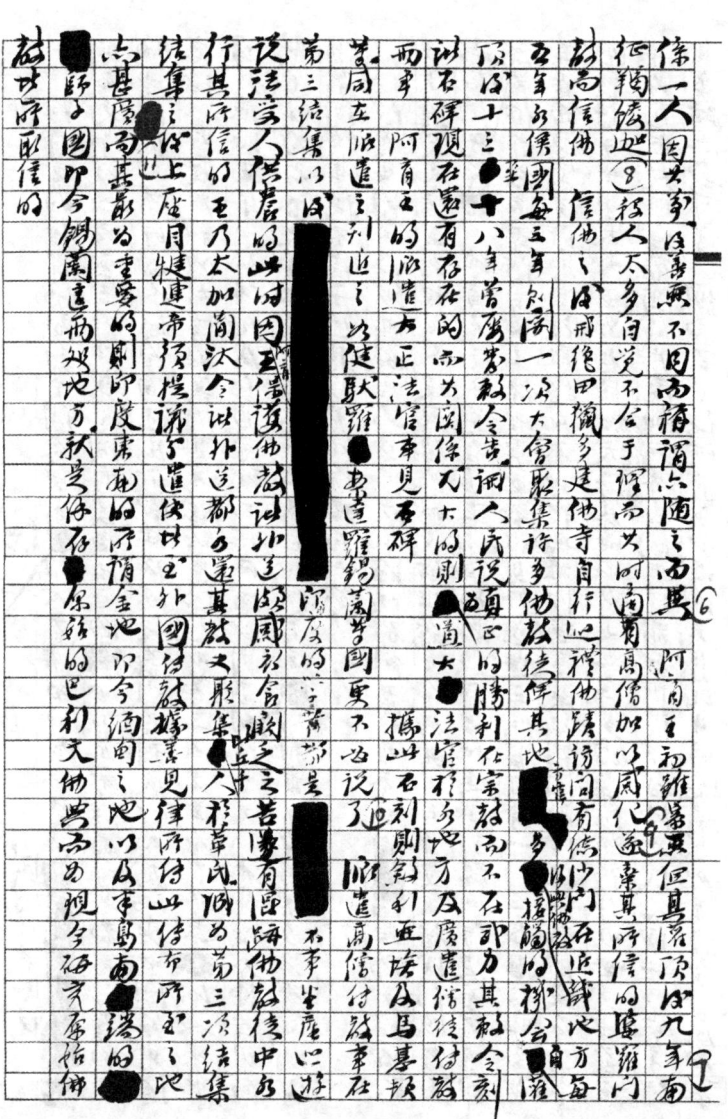

阿育王的傳播佛教和中國有無關[redacted]係雖沒有確切的證據，然據[redacted]歐洲學者之說，則西元前の二百至三七五年之間，自安里諾亞海[redacted]至山東浙江的貿易都為印度的航海者所控，此等印度人似嘗通過麻六[redacted]甲海峽經蘇門答剌爪哇之人而南而來中國的東海岸，輸入印度洋和波斯灣的真珠等。又據拾遺記卷の第三○五年嘗有身毒[redacted]鄉人來中國見燕昭王，朱士行經錄及白馬寺記亦記西域沙門室利防等十八人賚梵本經典到咸陽，其事約在西元前第二の三至二一七年，正和阿育王[redacted]傳布佛教年代相當，可知本間漢了諦曹西域之佛教同樣其說不盡子虛，見該書緒論[redacted]第二節。

阿育王雖為保護佛教之人，然其晚年的情形則甚為悽慘。據[redacted]傳說王的晚妃帝沙羅叉因愛王先妃之子達磨婆陀桃之被拒，矯王命挾其雙目，事覺王將此妃燒殺，王亦鬱鬱而終[redacted]。

阿育王之子為善積王，依禪那教徒所傳，他是禪那教的信徒，嘗在西印度為禪那教造寺。阿育王之孫善車王為邪見外道，造三洞窟寺。第一八三年[redacted]多車王為其臣弗沙密多所廢，毛利耶朝亡，參迦紀興。弗沙密多是婆羅門的信徒，佛教頗受壓迫。參迦紀傳十世至天地王，為大臣財天所篡，時在第七二年，是為康維阿紀傳の世。至善薩王而為南印度東達羅國的戶摩迦所替，這個東達羅紀據說曾持續至紀元後二三六年，但其事跡亦無可考。

總而言之，從阿育王以後到大月氏[redacted]的迦膩色迦王以前印度的事續是全些菩薩的，而佛教在南方所受壓迫因此而甚重，心移於中部及北部，則似乎是事實。於是佛教的本身漸起變化，和東亞中國的因[redacted]關係也更密切了。

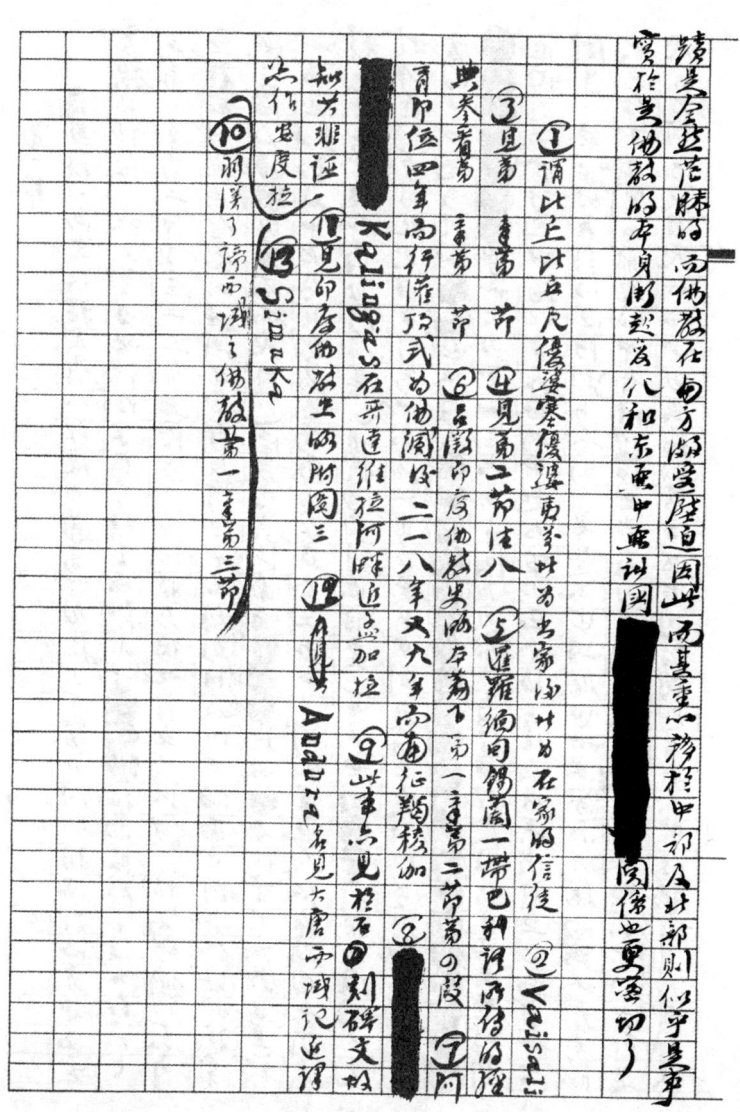

①謂比丘比丘尼優婆塞優婆夷，前二者為出家，後二者為在家的信徒 ②Vaiśālī
③見第　章第　節 ④見第二節注八 ⑤匯羅縛司錫蘭一帶巴利語所傳的經典，參看第　章第　節 ⑥呂澂印度佛教史略本篇下第一章第二節第四段 ⑦阿育即位四年而行灌頂式，為佛滅後二一八年，又九年而征羯稜伽 ⑧[redacted] Kaliṅga 在哥達維拉阿睹近之盎加拉 ⑨此事亦見於石⑬刻碑文，故郝芳非証 ⑪見印度佛教史略附錄三 ⑫Andhra 名見大唐西域記述譯，亦作安度拉 ⑬Sātakaṇi
⑩羽溪了諦西域之佛教第一章第三節

第二節

自葱嶺以西文化程度皆以印度為最高，然政治上之勢力則以根據在西方亞西亞之種為強。紀元前四世紀以來馬其頓之亞歷山大[redacted]征服波斯並侵入印度，已見第一章第二節。第三二三年亞歷大山卒，諸將分據地自立，巴比倫領於塞留孤（）六自立於敘利亞，其全盛時疆域東至印度河，西至哈利斯河及地中海，南至阿剌伯海，北抵裏海、黑海及[redacted]西南。以塞留孤死後（）國分為兩，亢彫東南[redacted]敘利亞盛時[redacted]本佳帝在埃及馬其頓一帶，無暇顧及中亞及其就彭，若覺鞭長莫及。第二五〇年間敘里亞人征埃及，因與敘久彬克吉族特雜部酋長阿薩基（）乘機據帕提亞自立（），是為中國所謂安息。[redacted]巴克特利亞（）守將肥迪奧多特第一（）亦據地自立，是為中國所謂大夏。亦為希臘文化在東方的中心。而安息則[redacted]遊牧種人[redacted]第一七〇至一三六年之間，安息乘大夏衰，侵略印度附近之地，又乘敘利亞內亂，蠶食波斯巴比倫地方，其疆域東起大雪山，西至幼發拉底河流域，蔚然為西方一大國了。

葱嶺以西阿利安人的分布還不止此。據近世史家所考據，西域人種者臘人為伊耶宛，宛為耶宛的轉音（），所謂漢世大夏以東的大宛，實在希臘人殖民地的一部分。《史記・大宛列傳》說自宛以西至安息，雖頗異言，然大同俗，相知言，其人皆深眼，多鬚髯，可以知其種族族了。阿利安族西于葱岭天山西北麓也。还有白人种的分布，其最占势力的即是汉书所谓塞种。塞种的原地，其初在今伊犁河流域，后来为[redacted]月氏所破，乃南越[redacted]县度，君罽宾，又分散为休循、捐毒之属。塞种似即现在所谓 族。穆天子传这部书有人因其[redacted]所述地理和资料多相合，地理虽可靠，遂因此信为真古书。其实这书是他出于汉代西域地理已明之后，而伪撰这部书，据以考周代的事实，全不足信。据以考汉族以东西域的形势，则以为有许多地方错误，以资互证的。穆天子传述当时西域的民族，西膜实为一大族，一切地名器物，必著之曰西膜的，所谓某某西膜人，（的）部[redacted]及其陆之流、门之属，可以相见西膜亦似即汉书的[redacted]塞种。又有本居祁连[redacted]敦煌（大）间的乌孙，史汉虽未言其种族，所是颜师古汉书注说：乌孙于西域诸戎其形最异，今之胡人青眼赤须状类猕猴者，本其种也。其为何种族，虽难决定，[redacted]亦[redacted]（何为）可疑[redacted]其为白种人。最近二十余年英、法、德、俄诸探考家在新疆发见许多古书写本，其中有数种为从来未究通的古语，而与印度欧罗巴系语言颇为相类[redacted]其中又分两种，欧洲学者初名之曰A与B两种，吐火罗语即文籍A种为焉耆语，B种为龟兹语。据其发见之地方以定其语言分配的区域，则焉耆语流行于天山之北，龟兹语流行于新疆的中部及南部，并欲疑心流行于天山以北的我(?)种当是乌孙之类，流行的是种而流行于新疆中西部的或(?)者是出于塞种。因此据汉书所载塞种[redacted]多

是唐國[redacted]而烏孫列是遊牧之民雖種族相同顯然不是一個民族但這亦不過一個種

測得了五寺有研究價的以學者然不能作為可靠　但是據上案所述書籍的西域白

已人種甚為同類則已[redacted]是無疑的事了

這西方黃種亦不是沒有分布在西域的擄掠者說西夜與胡異(其種類氐羌又說蒲

犂及依耐無雷皆西夜[redacted]類也無雷俗與子合同依耐方說德若與子夜相類其俗皆同言

似乎即是蔥嶺間的氐羌沿西山之脈分布到西域去的又漢書方說西域傳說自且末以往皆

種五穀土地草木畜產作兵略與漢同有異乃記云今觀西域傳全篇記者少不記者多則

可推則漢書方所載西域各國土地草木[redacted]畜產作兵和漢相同的[redacted]不少這許多事件之

相同固不能作為種族相同的證據然而(一)相同之國如是之多分列於沙漠偶然(二)而且當時

西域有許多小國還不知道使用鐵器這許多小國不過是沙漠綠地中的一個村落而居

然都知道作兵器[redacted](三)總書西域于闐傳說自高昌以西諸國人等深目高鼻惟

此一國貌不甚胡頗類華夏言焉耆西域記亦說于闐之語與他國不同而于闐在傳說上失

唐國之初即與有華人西徙的痕迹而據近代探考家所研究則[redacted]現在和闐東部至羅

[redacted]人[redacted]其黃人的性格尚稍帶隱痕而指地所得的陶象雕刻物及壁畫畫貌亦皆似黃種人而

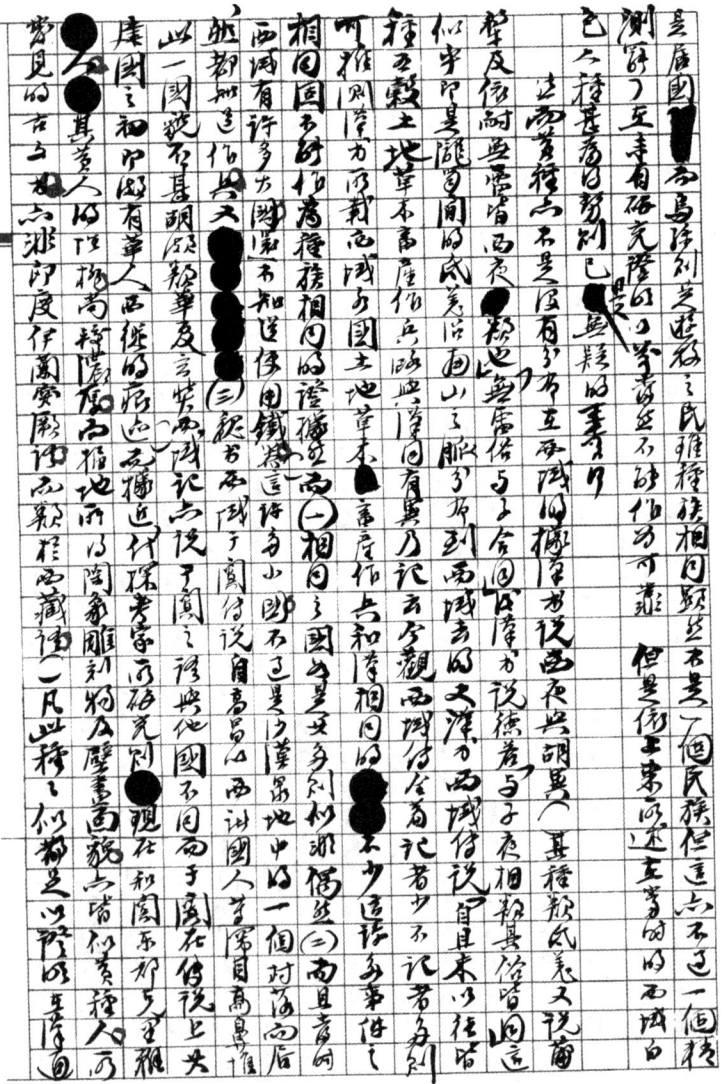

常見的古文如亦非印度伊蘭實際語而類於西藏語(一)凡此種種似都足以證明黃種通

西域以等中國人即有移殖到西域去的很不甚多決非沒有我們知道路途上的阻据種之在民族移殖之旧道路多無名的英雄去移殖遠在張騫前後以等原是不足為異的 此外[redacted]康居与大月氏則接近人的稱實際其間居突厥族康居當即承之第八世紀鹹海沿岸及西系河下流的居民目◎謂為勇健之郡邑大约可謂為丁零種族最初南下的

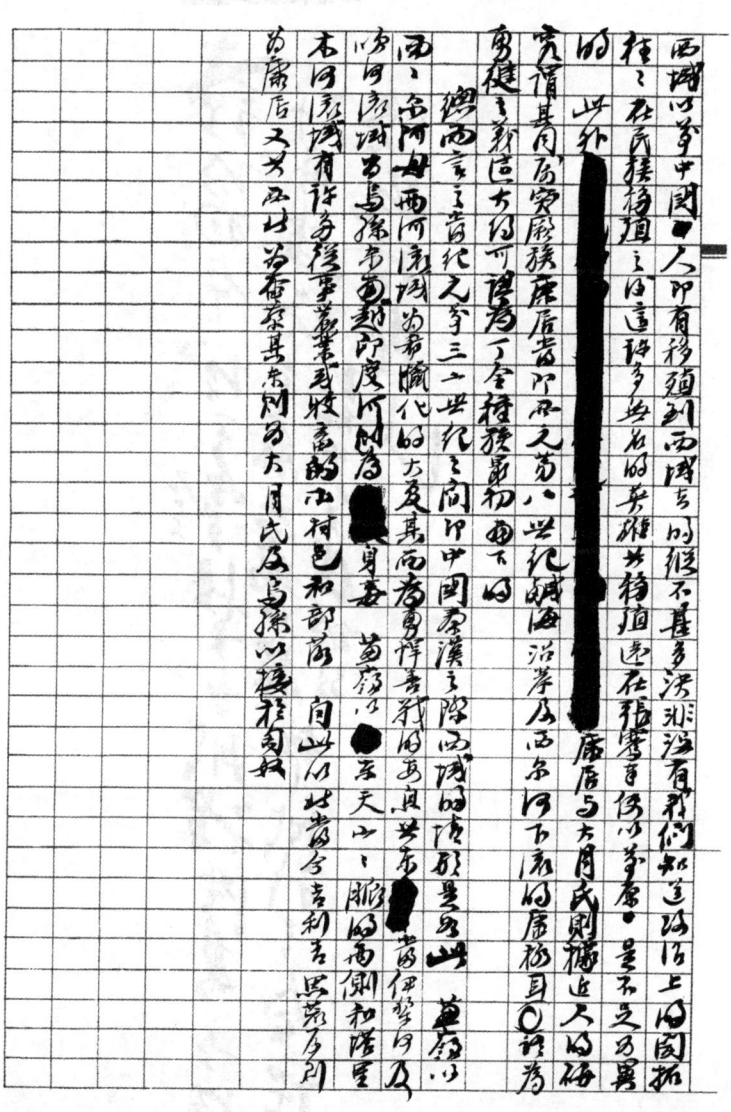

總而言之當紀元前第三二世紀之間即中國秦漢之際西域的情形是這樣 葱嶺以西之為阿母西河流域為希臘化的大夏其西為勇悍善戰的安息其東[redacted]一带伊犁河及以河流域為烏孫南越印度河所附為[redacted]貝安 葱嶺以[redacted]东天山之脉的南側和塔里木河流域有許多從事農業或牧畜的小村邑和部落 向北伯地带今吉利吉思原則為康居又其西北為奄蔡其东則為大月氏及烏孫以接於匈奴

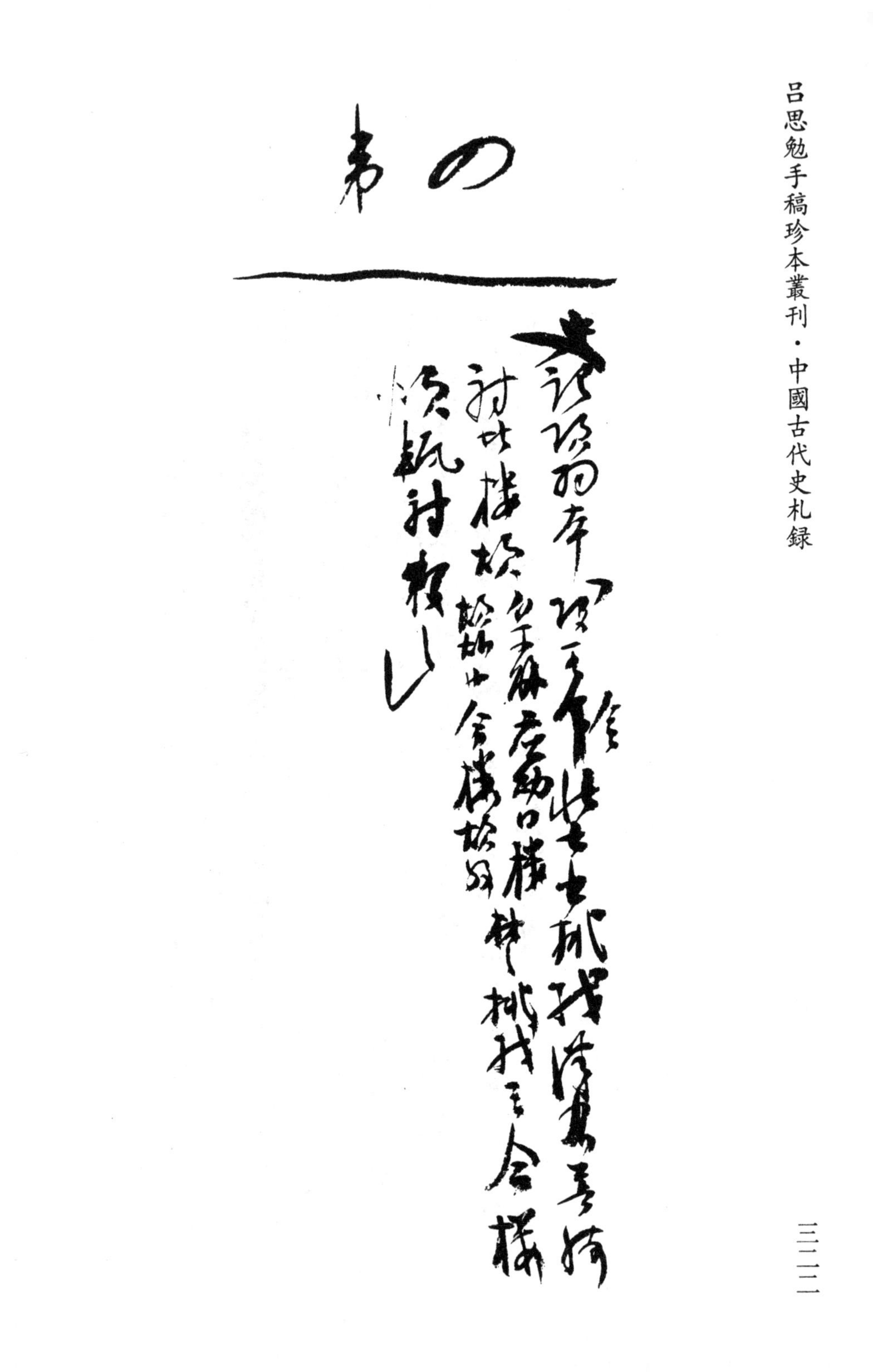

第四

[illegible]

來函

再啓

安南頭目阮紀都尉吳蘭亭率百越使黎文
從人同船至高平府御山王都
鄉
高平下處門岳台迎接明府邀宴見利將梅錞
與咨陳報部即信不來見之將梅錞有功
從人到同抵侍蒼居住內王布搭進一王賊尤茶結
王教咨已拔迤東改阮紀不來見將梅錞功多
順頌十月三日具

四裔

汶山曰夷南中曰昆明蜀曰邛漢嘉、越巂

曰筰

其同

此種羌明清

四裔

林邑　扶南

此種隨收隨箋共六

夏歲五卅

日閒

馬流

此種區別法 卅六、四、廿

夜郎　且蘭

此種濕此住　共六十六

八、商

宋耳南

水經溫水注卅六·十三

渡蘭倉為作人
見山經若山丨佳 卅六、七

四裔

交阯刺史初治廣信 都尉治麓泠 交阯郡治羸𨻻

秦平南越 趙佗 [redacted]

漢開交阯

蜀王子服雒王、趙滅之

馬援南征

步騭定交州遷番禺

水經葉榆水注 卷卅七 5 6 7 8 9

溫水注 卷卅六 23 24 25 27

灕 卅八

溱 卅八.21

[illegible]

弟[illegible]

收據已收訖　廿七、十九

袁宋本

山經叢稿山經卷〇三

南延

即南向之點伯以因誤爲延

五月上旬

此頌蘇州祉 卅六、一

浦山寧叩 相中鑾

卅二・十三

南司

迦維羅越

印

迦維羅衛

四裔　南

蒼梧會稽象耕鳥耘

水經河水注

恒水又東逕藍莫塔

此中之荒無人羣象以鼻取水灑

地若蒼梧會稽象耕鳥耘矣

[illegible]肅

（今早得駱帥專請安[illegible]中下）

此種之此法與鐵路同爲救級之令重陵那事叩

惺翁一條，求其藉其毛摘將其錢鋪一案

（盛翁已過下）

重念深出重山。與南陽分山。水深石出。亦須惺翁忍

此種已已將已矣。

錦通

字記

「從古更戎紀循王年庚卯

主指斜相、受」

為子孫基址也」

「輿地志云共第吳之大指閩析兩吳之道」

「唐勧學官衛曰語閩廿方道新彌

三國蜀志後主傳延熙十一年秋涪陵國

民夷反車騎將軍鄧芝往討皆破平之

宋時南方諸國[redacted]敘方物 皆見紀

【訶羅單】文帝元嘉七年十月十一月十四年廿九同 傳云治闍婆洲

【訶羅陀】元嘉七 傳同

【闍婆州】元嘉十

【扶南】元嘉十一 十二 十五

宋書作闍婆達 南史作闍婆達國

【闍婆達】元嘉十二 孝建三

【婆皇】元嘉十九 廿六 廿八 孝武大明三 八 明帝泰始二 八年 廢帝 八年 任

【媻達】元嘉十二 廿六 廿八

【斤陀利】孝武孝建二 傳作二

【婆利】以廢帝元徽元 傳作婆黎

葉波

宋书南蛮传呵羅單國元嘉七年遣使、獻……葉波國古貝等物

梁書中天竺傳左右嘉維舍衛葉波等十六大國去天竺或二三千里共尊奉之以為在天地之中也

梁時南海諸國獻方物據南諸國傳

（林邑）陳書廢帝光大二 宣帝太建九　天監元　九　十一　普通七　大通元　中大通二　六　大同九

（干陁利）陳書文帝天嘉四　天監元 在南海洲上 宋孝武 其王瞿曇脩跋陀羅 十七 其子毗邪跋摩　普通元　表佛語

（扶南）陳書高祖永定三 宣帝太建四 後主禎明二　天監二　十一　十三　十六　十八　普通元　中大通二　大同元　五
天監三 授其王憍陳如闍耶跋摩將軍號

（狼牙脩）陳書廢帝光大二　天監十四 在南海中 其界東西三十日行 南北二十日行　普通四　中大通三　表佛語

（婆利）天監十六　普通三　在廣州東南海中洲上 去廣州二月日行 國界東西五十日行 南北二十日行

（盤盤）陳書宣帝太建四 後主至德二　南史作槃槃　宋文帝元嘉 孝武孝建 大明　中大通元　四　六　大同元　大通元　簡文帝大寶二　表佛語

（丹丹）陳書宣帝太建三 後主至德二　中大通三　大同元　表佛語

頭和

南史

陳書後主至德元年十二月丙戌頭和國遣使朝貢

獻方物

案書作投和

四裔

矮人

地質學上人高大　矮人乃大之屬不足據

僬僥營養不良而退化　見樗櫟集近代史八九乃人

焦僥南也，於八紘西南方曰焦僥日走土

焦僥是否矮人　見林惠祥民族

史下冊隸辛

史記大宛列傳在蘇[redacted]又指地亞古山人國在大秦西南人僬僥二尺其耕稼之時裡鶴所食大秦衛助之即焦僥國其人穴居也（在山有疑義　樗櫟軒自下）

南河靈河　孫權别作珠崖

三國吳志二〇九上　又十三〇二二下　十五〇二二上

南史　蘇摩黎

宋書文帝紀元嘉十八年，是歲，河西、蘇肅特國、高麗國、蘇摩黎國、林邑國並遣使獻方物。末往頁

婆皇國在天竺見后傳

天竺

宋書文帝紀元嘉五年天竺國獻使方物　南史作天竺迦毗黎國　孝建二　方獻

師子國（東晉安帝時）晉十二年獻方物

傳又曰蘇摩黎　元嘉十六

斤陁利　孝建

婆皇　元徽元

（北天竺）梁天監三來　中天竺　天監二

（師子）梁大通元來

陳書紀宣帝太建の天竺來

南史劉杳傳卷四十九　沈約、何承天纂文奇博，其書載張仲師及長頸王事，此何所出？杳曰：仲師長尺二寸，唯見論衡。長頸是毗騫王，朱建安扶南以南記云：古來至今不死。約即取二書尋檢，一如杳言。

斯諾国

魏杰の二上

天竺旃檀

晉書穆帝紀升平元年三月扶南天竺旃檀獻馴象

黄支

「黄支樂志聲舞歌詩」洪業蒐例「文旅被黄支」

（四三〇九上）

居常

魏書高宗紀太安五年居常國遣使朝獻

和平元年十月居常王獻馴象

馬韋

晋書、武帝紀太康十年「是歲扶南等二十一

國馬韋等十國遣使來、献」

述異記「日南有香市商人交易諸香處」卷下頁六

范文

事見述異記卷上第十五